醫生說我可以去死沒關係

平光源 たいら・こうげん——著
涂紋凰——譯

日本王牌精神科醫師終極療癒秘訣，
治好1000顆破碎的心！

引言

我知道你有多厲害

雖然有點突然，不過你知道自己很厲害嗎？

我非──常了解你有多厲害喔。

老公晚回家讓妳覺得很不安。又或者是老公獨自在外地工作，自己明明也很寂寞，但還是把不怎麼聽話的孩子好好扶養長大了。

從早到晚毫無怨言地做飯、打掃、洗衣，每天都默默地努力。

一個人照顧婆婆，明明拚命做了還是被周遭的人嫌棄，但那些怨言就是妳在第一線照顧病人的證據。

因為有妳親手做的美味料理、不求回報的愛，孩子才能順利成長，家庭才能維持下去。

雖然大家都誤以為這是理所當然，但其實並非如此。
這真的是很厲害的奇蹟。謝謝妳。

你明明已經快要到達極限，仍然對嚴格的上司、令人火大的客戶低頭哈腰，大汗淋漓地完成工作。
因為你持續把薪水全都交給家裡，家人才有錢付房貸、買食材。
這份責任感真的很厲害。
溫暖的家和飯菜，都是因為有你。別人很難模仿。真的很謝謝你。

因為沒有朋友、充滿孤獨感而無法去上學，但還是努力在家裡學習，你的忍耐力真的很強。

夢想一直沒辦法實現，導致你變成重考生，即便如此也沒有放棄追夢，你的那份精神真的很厲害。

為了孫子存下重要的年金，餐餐粗茶淡飯，比起自己更想為孫子付出。

我深深佩服這份偉大的愛。真的很謝謝你。

因為單親而受盡冷眼，工作回家後還要做家事，即便渾身疲憊，也要縮短睡眠時間努力養育小孩。

這樣的你，對孩子來說就是一個太陽。真的很謝謝你照亮迷途孩子的路。

明明就很纖細敏感容易受傷，你還是為了不讓別人有所顧慮而努力保持微笑。

雖然被別人說「你看起來好像都沒有煩惱，真好耶」，但其實比別人更容易操心對吧。完全不展露這種想法的你，是真正懂得努力的人。

你真的很厲害。謝謝你。

父母忙碌無法充分照顧家裡的時候，你代替雙親照顧弟妹。

你的愛就像地球一樣，不求回報。

明明都是小孩，你卻理所當然地代替父母照顧弟妹，真的很厲害。真的很謝謝你。

父母經常不在家，你明明也很辛苦，還是一肩扛起照顧弟妹的工作，明知會被討厭，還是會出言告誡弟弟妹妹。真的很謝謝你。因為有你，這個家才能經營下去。

當家裡氣氛很僵的時候，你總是能巧妙地哄父母開心，在父母和叛逆的哥哥姐姐之間，緩解雙方的不愉快。

你就像潤滑油一樣，幫助了大家。真的很棒，你好厲害。

除此之外，你還有很多厲害的地方喔。

被別人說「意志薄弱、沒出息」而沮喪的你。

這樣的你，比任何人都溫柔，能夠在聽取周遭意見之後找出保持平衡的行動，這是很厲害的能力喔。謝謝你。

雖然別人都說你很「頑固」，但你就是靠著這種不被小事動搖意志的強韌，完成了很多事。

這可不是誰都會，我覺得你真的很厲害。

你不是軟弱，只是纖細敏感、能夠了解對方的心思，所以才會有所顧慮。

沒錯。你總是把對方放在第一位，是個溫柔的人，有很多人都被你這份溫柔拯救過喔。真的很謝謝你。

你其實很痛苦、很想死，卻忍耐到今天。

而且，明明已經筋疲力盡，還是拿起這本書打算閱讀。
你這麼努力，真的很棒。
真的很厲害，真的很謝謝你。

我只想對今天也努力活著的各位說聲謝謝。
如果能夠傳達這句話，就算你現在闔上這本書也無所謂。

聽好了。你真的很厲害。

請回想你的優點和努力。
無論發生多麼艱辛、痛苦的事情都不要忘記。
不要覺得那些優點都是小事，也不要覺得自己很沒用。

容我多說幾次。

你真的很厲害。
而且很優秀。

前言

在書店拿起這本書的你，現在心情如何？

經濟、職場方面的問題，還有親子之間的關係。

在各種問題之中，你或許抱著宛如身處地獄、很想死的心情拿起這本書。

你為什麼會這麼想死呢？

為什麼活著會這麼痛苦呢？

身為精神科醫師，我一直無法回答這個問題，但是某天和患者面談的時候，我得到莫大的啟示。

那位患者是四十二歲的家庭主婦。

她出生在鄉下的大型農家，是家中的長女。

父母都忙於務農，她在祖母嚴厲的教育下長大。

據說祖母從小就對她很嚴格。

祖母一句「實在不成體統，衣服要穿好」，便要求她重新穿好衣服幾十次；因為「筷子沒拿好」，在吃飯前右手被打了好幾次，嚴重的時候甚至不給她吃飯，嚴格的程度幾乎可以說是虐待了。

上國中之後，祖母說：「像妳這樣頭腦不好的孩子要是去補習只會被鄰居笑，所以不准去！」她就真的被迫放棄去補習這件事。就連校外教學從淺草買回來的伴手禮，祖母都嫌棄說「我不喜歡，真是白花錢」，就直接丟到垃圾桶了。

在這樣的狀態下，經常看祖母臉色的她自然而然地認為**「活著就是避免讓對方不開心，隨時察言觀色、迎合對方」**。

同時，她又詛咒流著祖母之血的自己，強烈認為「可以的話真想換掉這種骯髒的血，如果沒辦法的話，就只能連同整個身體一起毀滅」。

後來，她想著「自己這麼沒用，如果繼續活著，至少要幫助別人」，所以考取護理師的執照到醫院工作，也結婚成為兩個孩子的母親。

有別於被祖母帶大的幼年時期，她的人生看起來一帆風順。

然而……

開朗又親切的她漸漸受到醫院重用，眼紅忌妒的護理長開始霸凌她。

結果，她從二十八歲就開始失眠。

之後，她因為失眠無法專心工作，也變得不想去上班。到附近的精神科醫院看診，確診為重度憂鬱症，不得不住院治療。

儘管出院之後也持續藥物治療，但症狀仍遲遲沒有改善，最後她只能辭去當初遭受霸凌的工作，走入家庭成為主婦。

然而，等著她的並不是光明的未來。她的丈夫也因為工作失誤而出現酒精、賭博成癮等身心失調的憂鬱症症狀。

丈夫無法工作的那段時間，經常為了逃避現實而去打柏青哥。錢用完了就發脾氣，導致夫婦吵架。吵架後又一氣之下去打柏青哥，就這樣不斷惡性循環。

女兒和兒子因為發展遲緩跟不上學校的進度，而且和朋友交流也有問題，所以最後都拒絕上學。

白天要照顧不上學的小孩。

晚上要照顧酒精成癮的丈夫。

精神上已經完全沒有可以喘息的空間。

但是當她奇蹟般地有空檔可以休息，躺在客廳小憩的時候，卻發生進一步打擊她的事情。

孩子質問她：「我們在家裡閒晃，妳就要我們去上學，為什麼媽媽就可以在家裡睡覺？」

連丈夫也責怪她：「如果妳不做家事的話，那我也什麼都不做。」她接收了好多這種冷酷的話！

心靈荒廢也會導致家庭荒廢，因為憂鬱症而失去動力讓情況更嚴重，最後整個家變成垃圾屋。

每天的生活都非常痛苦，她一直想著要是能逃離這種生活不知道會有多輕鬆，甚至每天睡前都在祈禱「希望我就這樣一睡不醒」，對生活已經完全絕望了。

我很想治好她，利用各種方法緩和她的症狀，可是都沒有效果。明明幾乎沒有改善，但她還是相信我，願意花大約一個半小時的車程來診所，這讓我覺得很難受，甚至發現她來看診的日子，我的心情就會變得越來越沉重。

在這樣的狀態下，迎來我成為主治醫生第十年的某一天。患者脫口說出：「我好想死。」

我面對她，想起過往至今的事情，實在不想說「別這麼說」、「活下去吧」這種話，反而從我口中吐出令人意外的一句話。

「去死也沒關係。」

那一瞬間，連我這個主治醫師都不知道發生什麼事。

然而，她嚇了一跳似地睜大眼睛，接著就像潰堤一樣，落下珍珠般的眼淚。

這個時候，我終於發現了。

這位患者從小時候就被祖母的咒語「不優秀就沒有活著的價值」束縛，這十五年來又長期被憂鬱症束縛，受到身為妻子必須支持沒用丈夫的身分角色束縛，被照顧發展遲緩的孩子仍要笑著扮演好媽媽的角色束縛。即便她很想逃離這個綁手綁腳的人生，但還是活著承擔責任，背負著壓力一路走了過來。

我不知道這樣說到底對不對，不過當我說出「去死也沒關係」這句話

的時候，她瞬間放下沉重的負擔。

而且，我十分確定她的表情變得柔和，一副愉悅中帶著安定的樣子。

在那之後，她的病情漸漸好轉。

首先是孩子的發展遲緩。

她和保健室的老師密切聯絡，也向志工團體請求幫助，不再自己一個人默默承擔一切。

接著是她和祖母的關係。

中元節她送給祖母禮盒，祖母嫌棄「這麼難吃，根本不是食物」，還把咬了一口的甜饅頭直接寄回來，她心想「已經夠了」便決定不再和祖母聯絡。

最後是面對丈夫的病。

和主治醫師商量過後，明確區分「妻子可以幫忙的事情」和「丈夫必須自己做的事情」，不讓丈夫過度依賴自己。

「自己必須一肩扛起所有的事情」這四十年來背負的重擔，在她想著「過去的自己已經死了」並展開行動之後漸漸放下。

過去需要服用的藥物也慢慢減量。

——一年後。

笑著走進診間的她，對我說了這樣的話：

「醫生一年前說『去死也沒關係』的時候，不知道為什麼，我的心突然變得輕盈了。」

「後來，我開始思考自己為什麼沒死，還這麼努力。結果，我發現因為小時候對自己沒自信，所以擅自想著『努力的話，總有一天能得到認可。不努力的話，就永遠不會有人認同我』。我一直都抱著這種想法活著。」

「因為醫師對我說『去死也沒關係』，我才終於從『必須被認可才有活下去的價值』這個詛咒中解脫，覺得『只是單純活著也很好』。」

「別人怎麼想都無所謂。」

「我想對不去上學的女兒說『我愛妳』，然後抱緊她。」

「我也想稱讚即便發展遲緩還是努力讀書的兒子。」

「我想一直和丈夫笑著生活。」

「然後稱讚自己，告訴自己能變得幸福真是太好了。」

人並不是因為做了什麼才有價值。

人的存在本身就有價值。

但是，有很多人都執著於「社會上的成果」。

她以前也認為「被別人認可才是活著唯一的價值」，所以才會覺得無法獲得認同的自己不如去死一死。

順利的話很好，一旦失敗就完蛋。

因此，人才會想要追求成功，勉強消耗自己的能量，讓自己變得焦躁，甚至產生罪惡感。

當你一直沒有成果、一直覺得很失敗的時候就會想死。

然而，我們並不是為了成功或者獲勝才誕生的。

討好別人、得到別人的認同，和活著一點關係也沒有。

首先，請你放下為了活下去而背負的重擔。

這本書分成四個章節，提供讀者許多提示。

如果你能因為這些提示，
讓心情變得輕鬆一點，
從心靈之泉中流淌出溫暖的泉水，
甚至流淌到你的臉頰上，
那就是你的心在告訴你「好想活下去」。

如果這本書能夠成為你活著的希望，我將由衷欣喜。

精神科醫師　平光源

Contents

Chapter 2

愛惜弱小的自己，這才是真正的強者

Chapter 3

光是改變心靈，就能獲得新生

Chapter 4

活著的人能做的事情就是活下去

Chapter

1

你之所以想死，是因為你拚命活著

能綻放光芒的地方

你就是日本的高級食材「松茸」

在身心醫學・精神科領域最常碰到的煩惱就是「職場壓力」。

「藍領勞工的職場中，大家說話都很不客氣，好恐怖。」

「抱著想要支持當地企業的心情到銀行工作，結果工作就是要看業績，必須硬推投資信託產品，真的好討厭。」

「大家的口才都異常的好，業績優異。相比之下自己很不會說話，業績遲遲沒有起色，罪惡感讓我好痛苦。」

在各種煩惱之下，去上班變成一件苦差事。

在這樣的狀態下，某個星期天晚上……

一想到「明天要上班」就睡不著，準備去上班的時候，甚至出現心悸和想吐的症狀。

出現這種無法去上班的症狀，在身心醫學或精神科就會診斷為「適應障礙」。

你或許也是因為職場生活不順利，正在煩惱「要不要辭掉工作」才拿起這本書。

關於診所的話題就聊到這裡。

雖然有點突然，不過我想告訴你，你就像高級食材「松茸」一樣喔。

擁有細緻優雅的口感和清新香氣，你擁有非常優秀的價值。

貴重的程度無人能出其右。

你的優秀一定會讓舞菇起舞，讓杏鮑菇不甘心地咬牙切齒。

請想像一下。

客人看著你的眼神。

大家都很陶醉地看著你喔。

這位大叔好像對著你合掌膜拜，因為你就是日本料理界的食材聖母峰，也是獨一無二的存在。

……然而，你不知道在想什麼，跑去印度料理店工作。

那裡是超乎想像的另一個世界。

沒錯。那裡沒有料理專家會刻意減少高湯中柴魚的份量以免破壞松茸的味道，怕煮過頭而用計時器算準時間。

不僅如此，你還每天和印度料理的香料軍團——擁有獨特微苦味的薑黃粉、特殊生澀味的薑黃塊、強烈腥味的羊肉一起煮八小時。

你的味道和香氣，早就飄到遙遠的藍天之中。

口感也變得稀爛。

不僅如此，來這間店吃東西的客人，有些甚至還會把你當成杏鮑菇！

真的太過分了。

完全無法大顯身手的你，或許會很焦慮。

可能會因為覺得自己沒有價值，而產生罪惡感。

然而，你並不需要因此否定自己的價值，也不必有罪惡感。

當然也不需要否定職場，在憤怒之下一狀告進法院。

印度料理擁有四千年的歷史。

因為當地天氣炎熱，為了預防感染、傳染病，才會發展出這樣的料理方式。

在不順利的時候，最重要的是不要在「好、壞」兩種選擇之間煩惱。

有時候真的只是單純不適合而已。

番茄醬在「義大利料理界」當中雖然是明星食材，但是在「日式料理界」就格格不入。

短褲加海洋系花紋的 polo 衫可以穿去海邊度假，但是身為演講者就不適合。

當你覺得不對勁、總覺得不太順利的時候，**不要執著於「是否正確」的判斷，也不要否定自己和周遭的人，只要去感受「不對耶」的感覺就好。**

而且在那樣的環境下，和杏鮑菇交好，一起當同類，選擇「堅強地在自己所處的地方直到開花結果」也是正確的方式。

反之，在了解「這裡果然不是我的歸屬」的情況下，感謝當下的環境，不帶罪惡感地找尋能讓自己閃閃發光的舞台，遇見最能夠應用自己的日式料理店也是正確的方式。

正確答案不是二選一，而是兩個選擇都正確。

享受自己選擇的答案，繼續往前走吧。

你就是松茸，
或許只是剛好選到印度料理店而已。
這個世界一定有你能發揮的地方。

每個選擇都是對的

就連「不能死」這個限制都要暫時拋下

我想聊聊寫這本書時，絕對無法避開不談的一件事——我和「某位男性」的對話。

那是他確定第三次落榜的四十九天後。

黃金週結束，要去補習班那天。

為了去搶早上八點開門的代代木補習班的座位，他前往車站月台等地鐵。

高一時，父親得了胃癌，媽媽長期去外地出差，他幾乎是一個人獨自生活。

因為不習慣一個人的生活，導致成績也跟著急遽下降。

讓他在總共有三百六十個學生的學年之中，成績掉到第三百四十八名，人也失去鬥志，一年請假超過三十天，呈現拒絕上學的狀態。

過了一陣子。他轉換心情，認真準備醫學系的考試，但醫學系也不好考，所以就這樣開始重考生活。

重考第一年沒有合格，重考第二年的時候他每天苦讀十五個小時，就連洗澡的時候都在浴室貼A4大小的英文單字一覽表，真的竭盡全力地讀書。

然而，「考醫學系」的難度實在太高，他再度落榜。百分之百發揮自己的實力仍然無法實現夢想，讓他的心應聲碎裂。從此之後，身心都像鉛塊一樣又沉重又黑暗，連一步也走不動。

即便如此，他還是面對第三次重考。

很多補習班的醫學系重考生都戲稱他是「補習班之王」。因此，講師擔心他受影響，把他調到考東大、京大的專班。

當時的他，即便去補習班也毫無思考、理解能力，只是去上課，但是什麼都聽不進去。

只能看著時間徒然流逝。

或許他的身體仍然能像動物一樣活動，但是身為人類的心已經死了。

當時他應該已經處於憂鬱的狀態。

從前一站發車的地鐵電車光線漸漸靠近月台。

「就這樣跳下去，不知道有多輕鬆。」

他這樣一想，差一點就要往下跳。然而，當時有一位四十八歲的大叔叫住他。

其實，那個四十八歲的大叔就是現在的我。

那個被叫住的年輕人，是使用「引導冥想」這個方法回到二十六年前遇見的我自己。

在資深諮商師安全的引導下，兩人重新開始對話。

＊

現在的我：「你該不會想去死吧？」

過去的我：「（沒有料到對方知道自己的想法而嚇了一跳）……！」

現在的我：「你一定是難受到想死吧。高中三年級直到重考第二年為止，總共一千一百天的時間，你真的很努力了。好厲害。如果你真的很想這麼做，去死也沒關係喔。」

過去的我：「（嚇死我，這傢伙在講什麼啊！真過分！讓人有點惱火。）」

現在的我：「如果真的很想死，那去死也沒關係。但是，如果你現在有種嚇一跳的感覺，再好好想想會比較好喔。

說不定你其實根本不想死，只是現在這個狀態讓你覺得很痛苦而已。現在已經重考第三年，沒有回頭路了。事已至此也沒辦法改變目標。但是，如果要繼續重考，就必須一直準備不知道能不能合格的考試。你是不是想結束這種痛苦的狀況呢？

我以前也曾經這樣，所以很了解。一旦認為必須通過這場考試才能活下去，就會變得越來越痛苦。

所以，你就當作自己已經死了一次，拋開所有的束縛，或許就會看見新的事物喔。」

過去的我：「（稍微鬆了一口氣）可是，我已經重考三年，也花了很多錢，給父母添了很多麻煩。而且，這是我從幼稚園的時候就有的夢想，所以覺得事到如今已經不能轉換跑道了。」

現在的我：「這樣啊，畢竟你一直以來都以這個為目標在努力嘛。不過，沒關係。

『活著』有無限的可能性，即便你至今的努力都沒有好結果，也不代表那些努力都徒勞無功喔。

譬如說，你已經擁有耗費大量時間和精力投入一件事情的專注力和思考能力。

把這些能力用在其他事情上，說不定就會很順利了。

世界上有很多種人。

有些物理治療師是因為沒考上醫學系，所以轉換跑道走整復的路線，治療一些連整形外科都無法治好的病。

也有諮商師療癒那些精神科醫師用藥物也束手無策的病患。

如果你『真正想做的事情』是治療病患，那不必拘泥醫生的形式也能實現。

但願你不要因為無法成為醫生，就絕望地去死，而是看見不成為醫生

也能救人的希望。

想要完成一件事，做法不是只有一種。」

過去的我：「（稍微冷靜下來）是喔。原來也有這種做法啊。」

現在的我：「有人原本是因為想救人才考醫學系，但是考上之後就滿足於通過考試這件事，到最後都搞不清楚自己原本想做什麼了。也有那種只是找出病患身體裡疾病的名稱，像機器人一樣開處方藥的醫生啊。

我希望你再回想一下，自己真正想做的事情是什麼。

考醫學系只是手段，和『救人』這個夢想一點關係也沒有喔。

你要不要當作今天已經跳下月台，就這樣結束『沒考上醫學系就沒價值，我完蛋了』的人生？

然後再朝著『救人』這個真正想走的路前進即可。

這樣想像一下，不覺得很興奮嗎？」

過去的我：「如果『必須考上醫學系』這個從幼稚園時期就背負的重擔消失，我想心臟應該會血路暢通，開始出現期待之心。」

現在的我：「既然如此，你不妨抱著這個期待，再挑戰一次。無論結果如何，未來的自己也會一直支持你喔。」

＊

接著，我和過去的自己告別，從引導冥想的狀態回到現在的自己。

當肩膀變輕鬆的時候，我也發現重考三年那件事，在我的深層意識裡就像一個疙瘩一樣，一直都在。

「不能死」的限制會產生「必須活下去」的束縛。也就是說，我必須活下去。

在單純的活著之上，添加「必須活得很好」的限制。

更進一步，在人與人的關係之中，產生人際關係的制約，又變成「必須讓別人覺得我活得很好」。

接著，為了做到這一點，又催生「必須有價值」這個限制。讓人煩惱自己到底有沒有價值，如果沒有的話就絕望到想死。

如果重考生之中，有人跟我出現一樣的狀況，請想一想：

自己真正想追求的是什麼？為了了解這一點，請拋下包含「死亡」在內的一切限制。

試著讓自己從所有的限制之中解脫。

如此一來，宛如一攤死水的黑暗心靈就會湧進熱血，再度發出光芒。

如果能做到這一步，你應該就能找到自己想做的事了。接下來，只要精心呵護這份平靜的熱情，朝著自己期待的方向前進即可。

這就像露營時升火一樣。

即便剛開始只是小小的火種，最後也會變成巨大的篝火。

如此一來，你絕對不會想「死」。

因為，我們人類就是為了體驗「生」，才來到這個世界。

「不能死」的限制會衍生出「必須活下去」的想法，
人反而會因此想死。
因此，
要試著拋下包含「死亡」在內的一切。

正向思考是突然變異，負面思考才是正常狀態

病患會來診所問我：

「我心裡總是很不安。該怎麼做，才能完全消除不安呢？」

「我總是負面思考，該怎麼做才能保持積極正向的思考呢？」

我很了解病患的這種心情。

這種時候，可以透過呼吸法（容我之後介紹）等手段來減輕不安，透過訓練也有可能把負面思考轉為正向思考。

然而，要完全消除很困難。

因為在大自然之中，負面思考非常正常。

請想想原始的大草原。

草原上有一群斑馬，也有瞄準斑馬的獅子。接下來請大家以斑馬的角度來閱讀。

你附近的草叢發出「沙沙」的聲響。

這種時候，你不用確認聲音的主人究竟是誰，就會負面思考：「是獅子！」然後溜之大吉吧？

這種行為就是銘刻在基因當中的正常反應。

假設剛才的「沙沙聲」不是獅子。

那也不代表下次聽到「沙沙聲」的時候，來者一定不是獅子。

也就是說，你是因為負面思考才能存活下來。

在大自然中，長壽的秘訣可以說正是負面思考。

反之，如果沒有感到不安、緊張，關鍵時刻可能來不及逃生，馬上就被吃掉了。

然而，人類世界有政治架構控制團體，有警察守護治安，有屋頂、隔熱材料、空調保護身體，沒有負面思考也能存活下去。

因此，人類才會產生「毫無憑據的樂天」這種特殊的情緒。

順帶一提，正是這種「毫無根據的樂天」讓人類登上月球。

初次抵達月球的太空船是「阿波羅11號」。

太空船裡搭載當時最先進的電腦。

然而，這部電腦從現代的角度來看，性能比「任天堂遊戲機」還差！

竟然想以這種程度的機體，登上月球並返回……你不覺得再樂天也要有個程度嗎？（笑）

正在讀這本書的你也絕非例外。

你有搭過飛機嗎？我想應該很多人都有搭過。

假設今天發明的超強化玻璃和透明金屬，飛機整個機體都是透明的，能夠看到外面所有的景色。

有多少人還能自信滿滿地說「我敢搭飛機」呢？

我想應該沒有人敢搭。

這還真是不可思議。

使現實可視化，讓人們正確認知自己飛在五千公尺高空的瞬間，大家就不敢搭飛機了。

簡單來說，大家只是被「毫無根據的樂天」欺騙，因此產生安全感才會去搭飛機。

因為感到不安而來醫院諮商的病患，就某種意義來說是從人類的錯覺中醒悟，找回野生本能的正常人。

正向思考是突然變異，所以他們只是回到生物標準的負面思考而已。

所謂的治療，就是讓他們再度回到「毫無根據的樂天」這種夢想般的世界。如果沒有自覺的話，就會想著：「為了回歸正常，必須逼自己正向思考才行！」然後做一些徒勞無功的努力。

負面思考很正常。

而且，負面思考為了保護生命所發出的不安、緊張等警報也很正常。

因此，請不要否定一直抱持負面思考的自己。

請告訴為了保護「我」避開危險，持續發出警報的身體：

「為了讓我避開危險，你一直很努力對吧。謝謝你。」

請好好感謝自己的身體。

請把胸口正中央、靠近心臟的位置當作自己的心，然後溫柔地輕撫那顆拚命發出不安、緊張訊息來拯救自己的心。

受到肯定的負面思考會因為你告訴自己沒問題而感到安心，不安、緊張的情緒也會漸漸穩定，接著就能恢復真正的自我了。

負面思考不是你的錯。
那只是銘刻在基因中，
非常正常的反應。
因此，
不需要因為負面思考而感到沮喪。

社會上的常識

一切都是你的想像，所以現實是可以改變的

前一陣子，患者來跟我諮詢有關結婚的煩惱。

患者和伴侶交往三年了。

雖然都想要結婚，但是雙方都是獨生子女，家裡強烈要求孩子要繼承姓氏和家業，所以反對他們結婚。

患者也因為無法結婚而煩惱。

還有另一位患者說，單身女性沒有其他可依靠的眷屬，因為後繼無人，所以必須在死前辦理行政手續，把家族墳墓的遺骨遷出。

她似乎因為自己無法結婚，逼不得已要廢除家族墳墓而產生罪惡感。

我聽完她們兩個人的說法之後，深深覺得：「太可惜了！」

因為那對情侶和雙方父母、為了廢除家族墳墓而煩惱的患者，都被先入為主的偏見支配了。

你知道兩百年後，日本的人口剩下多少嗎？

據說只剩下一千六百萬人。

是現在人口的八分之一。

「佐藤」、「鈴木」這種姓氏可能還會存在，但是大多數的姓氏應該都會消失吧。

日本好像是在二千一百年前還是一千九百年前開始種植稻米。對生活在當時的人來說超級重要的事情，對生活在未來的我們而言，二百年還算是在誤差範圍內。

如果是在二百年後會消失的姓氏，今年消失或許也無所謂。

另外，據說公元三千年後，日本的人口就剩下二千人了。

如果到那個程度的話，不要說廢棄家族墳墓，就連日本都亡國了，墳墓什麼的根本就無所謂了吧。

「不求你大富大貴，至少要過上一般人的生活。」我們都在父母的這種刻板觀念中長大。

「不求你多有才華，至少混個大學畢業。」

「至少要結婚。」

「幾歲之前沒結婚的話很丟臉。」

「不能我這一代就斷了香火，所以妳一定要招贅。」

「離婚很丟臉，所以妳要忍耐。」

「如果要組織家庭，至少要有正職工作。」

「至少要生兩個小孩。」

這些發言其實只是單純的偏見。

譬如說現在三對夫妻就有一對離婚，而且有百分之三十的人一開始就決定不結婚。

約聘人員和打工族有一千七百萬人，正職人員的比例每年都在減少，五對夫妻中有一對必須做不孕治療，即便這樣出生率也只有一・二三。

當然，出生率小於二的話，日本人口就會一直減少。

父母說的「至少要〇〇」的意見，在三十年前或許算是很普遍。

然而，因為產業結構的變化和女性走入社會、高度科技化等高速時代轉變，十年前的常識現在已經不再是常識了。

「守護家庭就應該要結婚。」

「應該生小孩。」

這些在現代社會中很難實現的事情，被父母說是「至少要這樣」、「至少跟別人一樣」，聽了真的很難過。

剛才我也說過。

這些都是偏見，「過去都這樣」只不過是歷史。

拘泥於父母或祖父母口中過去的常識，被難以實現的想法束縛，因為這樣無法活在當下，真的很可惜。

請專注於現在這個瞬間，做你自己想做的事情吧。能改變的只有你自己。

以前的常識，
現在已經不適用。
常識就像生物一樣，
會隨時代進化。
被奇怪的常識束縛，
真的很可惜。

世界充滿不確定

這個世界沒有所謂的價值大小或高低

人類的感受非常靠不住。

請看下面的圖。

中間的圓哪一個比較大呢？

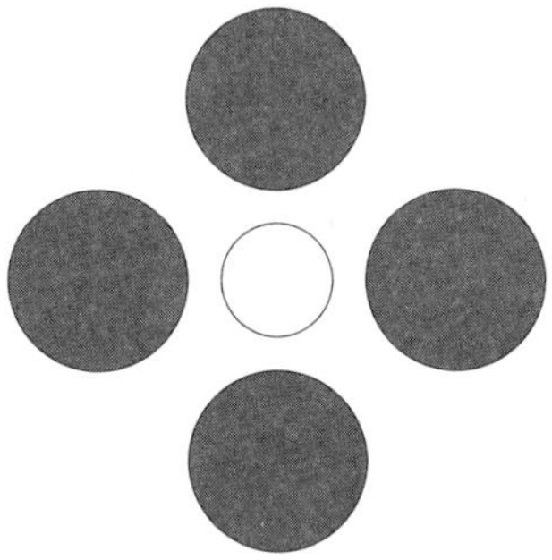

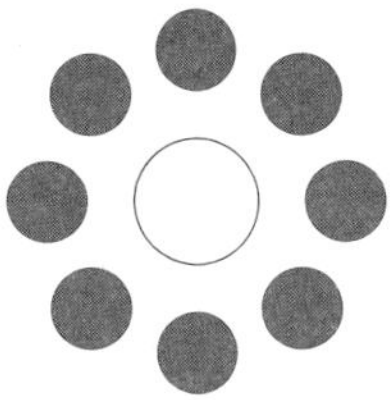

其實這兩個圓的大小一模一樣！

背後的原理是這樣的——

上下兩個圓都一樣大，但是在周圍放上大圓就會看起來比較小，在周圍放上小圓就會看起來比較大。

我們看待現實世界的時候，也會像在看這張圖一樣。

也就是說，我們每天都在這種錯覺之中過日子。

假設你是一個上班族，然後在有七名員工的部門工作。

如果以「大小」來表達能力，當你周遭都是能人，像上面那張圖的話，你會呈現什麼樣的精神狀態呢？

你可能會覺得：「我都在給周遭的人添麻煩，真的對不起大家。」

或者是無法感受到自己的價值，覺得「自己很沒用」，這樣一定會憂鬱症。

最後還有可能會因此不想去上班。

反之，如果自己是職場中最有能力的人呢？

你會覺得「都是其他人的關係」整體進度才被拖慢，自己如果不在公司就無法運轉。

結果大概會陷入「都只有我在做事，太不公平了」這種被害者情緒之中。

然而，如同剛才說過的，上下兩張圖裡面的「自己」其實都一樣大。

為了增加說服力，請看下一張圖。

左邊的髮色是不是看起來比較黑，右邊的髮色看起來比較白？

然而，兩張圖的髮色其實是一樣的！

如果用剪刀剪下頭髮的部分對照就一目了然，但是即便現在已經知道答案，看上去還是覺得顏色不一樣。

請把這個架構套入現實世界吧。

周遭一片漆黑＝被壞人包圍的時候，自己看起來就會比較白＝看起來像好人。

反之，周遭一片光明＝被好人包圍的時候，自己看起來就會比較黑＝看起來像壞人。

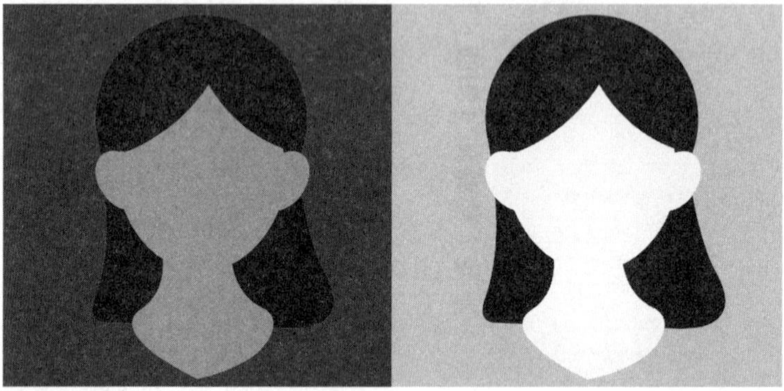

然而，如同之前解釋過的，其實左右兩邊都是相同顏色。
也就是說，本來就沒有什麼好人壞人。

我長期看診，經常遇到患者對醫師抱怨職場上的同事——
「我不能忍受在背後說別人壞話的人。同事都是這種人，我真的覺得他們很惡劣。」

然而，冷靜想一想就會發現這個狀況很奇怪。
討厭在別人背後說壞話的患者，竟然到醫院來說別人的壞話……
就像剛才頭髮顏色看起來有差異那樣，患者覺得職場上的同事＝壞人、自己＝好人，所以沒發現自己和同事做了一樣的事。

因為有很多人誤把「大小」、「輕重」等相對概念的東西當成絕對，才會覺得做什麼都不順利。

真實的世界就是這麼搖擺不定。

因此，最重要的不是和他人比較導致一喜一憂，而是認同現在的自己，接受當下的自己並不完美。

儘管你覺得自己是百分之百的受害者，也要想著自己或許也有一點加害者的成分，這樣就能體諒對方了。

凡事沒有絕對。

請讓自己從「應該要這樣」的黑白限制之中解脫吧。那一瞬間，世界上應該就沒有受害者和加害者了。

這個世界不存在絕對的正確。
如果你覺得有，
那只是你的錯覺而已。

正義之戰

別人的正義，對你來說是超異常

我到南美秘魯的馬丘比丘旅行時，曾經在晚餐的餐桌上出現「烤全鼠」這道菜。

同團的年輕人興奮地大啖烤全鼠。

而我在一旁覺得很不衛生，遲遲無法鼓起勇氣吃那道菜，只能默默吃著像煮過頭的烏龍麵一樣發脹的拿坡里義大利麵。

就像這樣，我們總是擅自為動物貼標籤——

「吃老鼠很不衛生。」

「吃狗肉很野蠻。」

「吃海豚的話海豚就太可憐了。」

甚至鄙視吃下這些食材的人，認為「不吃」才是正義。

然而，當有人說「日本人是吃鯨魚的野蠻民族」的時候，又會群起反抗：「你們這是在否定日本的飲食文化！」

對那些不吃的人自以為是的正義感到憤怒，對自己的飲食文化感到驕傲，於是便開始一場爭辯。

我把這種爭辯稱為「正義之戰」。

即便不至於到戰爭的地步，但是這種彼此不理解的狀況隨處可見。

假設你搬到鄉下，來到一個有樹木環繞的地方，在穿過樹木的陽光之中，有很多蝴蝶在房屋翩翩飛舞，是不是很棒呢？

不過，如果在四周翩翩飛舞的是飛蛾，那就有點討厭了吧。

其實這種感受換作是法國人就完全不能理解。
因為蝴蝶美麗、飛蛾很髒並非絕對的「正義」，只是日本人的「感受」而已。

而法國人不會去區分蝴蝶和飛蛾。

再譬如我覺得鮪魚生魚片非常美味，卻不敢吃鰹魚生魚片。
因為鰹魚有股血腥味。
那我這個「鮪魚比較好吃的理論」能套用在美國人身上嗎？
很遺憾，這很難。
對大多數的美國人來說，兩種魚都叫做「金槍魚」，沒有什麼不同。
實際上我們以為是鮪魚的罐頭，有些仔細一看就會發現原料其實是鰹魚。

接下來，我們就來聊聊關鍵性的話題。
大家敢吃鯨魚嗎？

如果換成海豚呢？

我以前認為吃鯨魚是日本重要的飲食文化，所以堂堂正正地吃鯨魚。

反之，我覺得海豚很可憐，所以不明白敢吃海豚的人到底是處於什麼樣的精神狀態才吃得下去。

應該有很多日本人都這樣想吧。

然而，在我過四十五歲的時候，得知一件令人驚訝的事實。

海豚和鯨魚在生物學上，被歸類為同一種動物。

據說體長四公尺以下的稱為「海豚」，超過四公尺的就稱為「鯨魚」。

我在不了解詞彙定義的狀態下，人生都過了一半才知道——

「吃海豚的話海豚就太可憐了。搞不懂怎麼會有人吃海豚。」

「吃鯨魚為什麼要被國際譴責啊！」

我們只是在區隔體長不同的動物而已。

我們會遵從自幼接受的概念，判斷事情的對與錯。
結果，當我們和別人的意見相左時，就開始正義之戰。
我不是在否定「認為自己正確、重視自己的堅持」這件事。

只不過文化、風俗會隨國家、地區、時代而變遷。

而且，每個人對詞彙的定義不同，在不知道詞彙定義的狀態下，把自己認為的正確強加在對方身上，只會讓彼此都不幸。

現在這個時代因為新冠肺炎的關係，被迫必須改革。
接下來會有更多常識被推翻。

以前我們都認為戴著口罩說話很失禮。

出席公司的聚餐也是常識和正義。

這些常識都已經被推翻，拉下口罩說話反而失禮，公司不聚餐才是正義。

我想接下來的時代，表面上的人際關係會漸漸消失，人們只會和真正想來往的人交流。

在這種潮流之中，吶喊古老的常識並感到憤怒，只會讓自己覺得很煩又很累而已。

請停止這種正義之爭。

而且，也不要在這種爭論之中氣得變成加害者，或者變成受傷的被害者。

別人是別人，你是你。

針對「正義」爭執沒有意義，
因為「正義」本來就不存在。
正義隨時會因為狀況不同而翻轉。

和網路相處的方式

在社群媒體上，就算諂媚討好，討厭你的人還是會討厭你

我覺得說話真的好難。

以前患者問我問題，我為了讓對方安心，所以回答「沒問題的」。那位患者說：「醫師這樣說，我就真的放心了。」似乎也真的鬆了一口氣。

然而，也曾經有別的患者怒回：「醫師明明就不是當事人，竟然敢說什麼沒問題。」

說話之所以很難，就是因為即便你是為了對方好而採取某種回應，但對方還是會往負面的方向看。

除此之外，還有很多其他類似的例子。

「這不是病喔。」有人聽到這句話會覺得安心，但也有人因此沮喪。

針對這件事，容我再詳談一下。

有人聽到「你這是憂鬱症」的時候，彷彿自己得了不治之症一樣絕望，但也有人覺得「原來不是我生性懶惰」而安心地哭了出來。

如前文所述，就連實際對話的時候，也會出現這種不同的狀態，所以在看不到對方表情的社群媒體上，就更容易引發誤解。

假設某個演技派女星，在社群媒體上說「我的演技還不成熟」。

這樣一句話就會出現各種不同回應。

「明明就覺得自己很會演還說這種話，真是討厭的傢伙。」

「是在求關注嗎？」應該也會有人從負面的角度看這句話吧。

反之，也會有人正面看待這句話——「明明演技精湛還這麼謙虛，不愧是知名演員，好有上進心。」、「應該是碰到低潮期了吧。畢竟妳是個性很認真的人，我會一直支持妳。加油喔。」

這位女演員可能是因為失去自信，所以為了鼓勵自己才發文。又或許是想要粉絲關心，心想著「拜託告訴我沒那回事」才會發這段文。

重點在於我們必須明白，人類只會看自己想看的，聽自己想聽的。

每個人的成長環境和過往經驗都不同。

因此，要讓所有人都安心、讓所有人喜歡是不可能的事。

也就是說，無論你有什麼發現、發了什麼文章，都一定會有人否定，這也是沒辦法的事。

人是一種需要自我肯定的生物。

因此，往往會過度努力讓對方認同，試圖討好別人。

為了討好纖細敏感的 A 先生，說出委婉的言論，B 先生說不定就會覺得「說得不清不楚」。

如果為了討好 B 先生而清楚表達意見，C 先生又會說你個性很難搞。

這種時候，關鍵在於先接受現況，告訴自己「就算自己竭盡全力，對方也有可能會覺得很奇怪，但是這樣也沒關係」。

換成是社群媒體的話，就更要抱著不可能被所有人喜歡的覺悟。

如果覺得很困難，那我建議和社群媒體保持距離。

若能放棄討好所有人，應該就能稍微獲得一些自由。

每個人的成長環境和經驗都不同，
所以你不可能讓每個人都幸福。

Chapter

2

愛惜弱小的自己，這才是真正的強者

自我肯定感的陷阱

「自我肯定感」和「喜歡自己」不一樣

乍看之下最簡單，但其實也最難的事情就是——

「重視自己」。

我想來談談這一點。

有位A小姐對自己沒有自信，不敢外出。

A小姐因為國中的時候被霸凌，面對別人的時候變得非常緊張，導致沒辦法好好讀高中。即便如此，她仍然勉強達到出席天數畢業了。

大學也是好不容易考上，但是連一個好朋友都沒交到。

就算想去上課，也會因為在意別人的視線而出現心悸、想吐、呼吸困難等症狀。

她想做點什麼改善症狀，所以來醫院看診。

當時靠抑制緊張的藥物，讓她能夠暫時出席課堂，拿到學分。

但是她心中仍然經常感到不安。每次都問我一樣的問題：「我對自己沒有自信，要怎麼樣才能提升自我肯定感呢？」

還有一位B小姐，因為失眠來看診。

B小姐不愧是「一直在努力提升自己」的人，不僅外表美麗，還擁有插花、和服、瑜伽老師等證照。

在社交方面，也有很多臉書上的好友。

她對學習非常有興趣，學了心理學也擁有諮商師的證照，是一位非常體貼別人、懂得自我肯定的女性。

然而，當她越來越「完美」，就越執著於「要有自己的風格」，導致和男友無法相處，戀愛總是無法長久。

接著，她為了在遇到能理解自己的理想男性時能夠獲得青睞，所以更加磨練自己，提升自我肯定感。結果陷入相同的循環。

A 小姐和 B 小姐的煩惱乍看之下完全不同，但本質上是一樣的。

她們兩個人的共通點就是被自我肯定感這個怪物控制了。

A 小姐認為只要能自我肯定，就不會這麼痛苦了。

然而，實際上她現在加入漫畫研究會，比起過去關在家裡的時候，更能享受和朋友一起投入社團活動的感覺。

客觀來看，她沒發現自己一點也不痛苦，反而非常開心，真的很可惜。

和Ｂ小姐對話的時候，發現她對答如流，是個非常優秀的人。

然而，因為她流露出的「完美自我」，讓和她對話的人反而失去自信，總覺得和她說話很累。

即便我直說「這或許就是妳無法和男友長久交往的原因」，她也一派輕鬆地回應「這樣啊」。

無法拋下對「充滿自信」的堅持，又討厭無法長久維持的戀情。因此，陷入持續努力提升自己的循環。

對這兩個人而言，真正重要的事情不是提升自我肯定感，而是重視自己。

所謂的「重視自己」就是喜歡自己。

大家可能會覺得：「這和自我肯定感有什麼不一樣？」**然而，當一個**

人說「我必須提升自我肯定感」的時候，就表示這個人認為「如果沒有努力交出成果，就等於沒有價值」。

從另一個角度來說，就是認為：什麼都不做、沒有交出任何成果，代表「自己毫無價值」。

這就是不重視自己的證據。

我這麼說，經常因為在意自己的髮型而照鏡子、覺得「我怎麼這麼厲害」，非常熱愛自己的「極度自戀的人」應該無法接受。

但是，這些極度自戀的人，需要靠「我很棒、很優秀」這種念頭以及別人的稱讚，才能維持心靈穩定的狀態。

也就是說，其實這個人根本就不認同自己，也不重視自己。

請認同自己原本的樣子，而非不斷發掘現在的自己其實很棒、是重要的存在，試圖透過獲得什麼才能找到價值。

首先請認同自己、喜歡自己，這樣你就不需要他人的認可了。

而且也不會因為太過執著於「自我」，而破壞和伴侶之間的關係。

這才是真正的重視自己。

你不需要必須做些什麼才能喜歡自己的自我肯定感。

現在的你就已經很好了！

季節的循環

憂鬱不是你的問題，是季節的問題

醫生這個工作做了二十年之後，很清楚身體狀況會因為季節而變化。用中醫的其中一個觀點來說，人的身體狀況一整年會是一個大循環。

二月三日是立春前一天的「節分日」，這就是季節循環的一個斷點。也就是說，節分是能量歸零的起點。

這是人體氣息最弱的時候，所以習俗上會邊撒豆子邊喊「惡鬼出去」以免邪氣入體，喊「福氣進來」以吸取天地靈氣。

以這天為起點，三月種籽發新芽，根莖開始生長，花朵逐漸綻放，生命的能量越來越強盛，在八月十五的時候到達顛峰，來到百分之百釋放。

此時，正是人類最接近天上祖先的時候，所以才有能夠和祖先交流的盂蘭盆節。

過了盂蘭盆節之後，能量又會緩緩下降，直到明年的二月三日為止。

也就是說，九月就是雲霄飛車開始往下衝的時候，身體狀況不好很正常，二月則是生命能量降谷底的時期，有不少人會在這段時間早上起不來，不想去上班，甚至是想死。

請思考一下。

去動物園都知道，夏天的時候動物都躲在陰影下盡量不動。

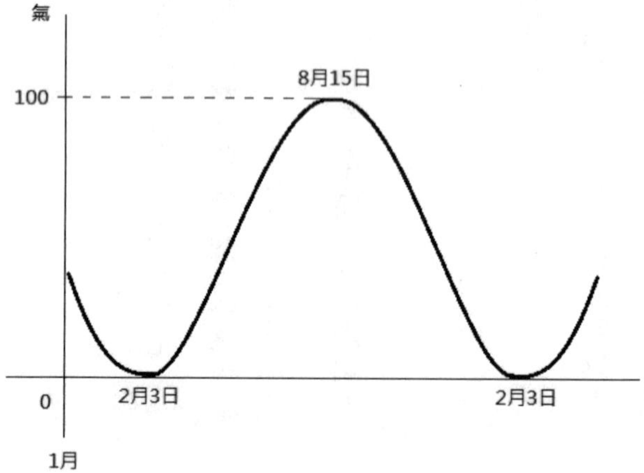

冬天也為了過冬盡量減少活動，以免消耗多餘的卡路里。動物們都知道，要隨著春夏秋冬改變生活方式。

除此之外，即便季節沒有大幅變換，天氣也會對生命產生影響。

在大自然中，一下雨視線就會變差，不只會找不到獵物，體溫、體力都會下降，自己變成獵物的機率反而會更大。

因此，即便下雨也會出沒在森林裡的動物就會被淘汰，也就是說，在進化的過程中，本來就設計了一下雨就會分泌懶洋洋的荷爾蒙。

然而，人類呢？

發明了冷氣和暖氣、照明和汽車，過著春夏秋冬沒有什麼區別的生活。

這難道不是一種非常傲慢的思考方式嗎？

因為違反了自然定律，所以在入秋時人們經常出現累積夏季疲勞的「中暑」症狀；冬季明明就應該減少活動，早上起不來也很正常，但是仍然要準時起床勉強自己去上班，甚至還要加班，讓正常的生命系統超過負荷，進而引發「冬季憂鬱症」。

再加上日本從四月開始邁入新年度，人們在這段時間過度繃緊神經適應新環境，接著便迎來黃金週的長假。這個時候繃緊的弦突然斷線，導致黃金週結束後無法去上班的「五月病」，就是社會制度誘發的疾病。

美國是從九月開始新年度，所以不存在五月病，從這一點看來，無視生命的節律就會出現這種本來不應該存在的疾病，真的很令人惋惜。

而且人還會更加責備自己：「一下雨就什麼事都不想做，不去健身房的我，就是個意志薄弱的人類」、「一到秋天就覺得特別寂寞、悲傷，真的好丟臉」。

原本就已經很無精打采了，這時候再拿著長槍去戳毫無活力、有裂痕的心，最後當然會心碎。

活力這種東西就像優格一樣，每天吃百分之七十，只要留下百分之三十加入牛奶，靜置一個晚上隔天就會回到百分之百。

只要每天都這樣做，一輩子都有吃不完的優格。

也就是說，一輩子都能充滿活力。

然而，認真又拚命、為了他人太過努力的人，只要有百分之百的活力就會全部用完，漸漸變得無論靜置多久，都無法恢復活力。

接著，無論多努力踩油門，整台車都會因為沒油而動不了。這就是所謂的憂鬱症。

首先，請用掉百分之七十的活力，然後保存百分之三十。這就是永保活力的秘訣。

當我這樣說的時候，通常都會被反駁說：「同事都這樣做，所以我也必須跟他們一樣」、「大家對我有期待，我必須回應」、「即便犧牲自己也要為對方做些什麼，這不是很棒嗎」。

大家要不要一起改變這種生活方式呢？

勉強輸出自己的能量給對方，因為過度消耗導致自己這朵花枯萎，這樣大家都會活得很痛苦。

繼續勉強自己，導致罹患高血壓、糖尿病，最後免疫力下降得了傳染病，搞不好連命都沒了。

結果，活著的同事和家人，只好更努力、更勉強自己。

陷入一種不勉強自己的人就是不努力的錯覺，因為罪惡感而消耗自己的心志。

為了讓別人幸福而犧牲自己的世界，最後會變得到處都是筋疲力盡、宛如喪屍的人，就像一部恐怖電影，這樣真的太可惜了。

「不勉強」並不是因為自己想偷懶，而是為了重要的家人和其他人喔！

冬天時覺得提不起勁，
是冬天的問題。
夏天時容易疲勞，
也是夏天的問題。

疾病的新資訊

心靈脆弱和憂鬱沒有關係

我畢竟是一名醫師，這裡想針對所謂的「情緒」，聊聊學理上的看法。

二〇二〇年十月的研究結果發現，「情緒」之中，尤其是憂鬱的情緒和「病毒有關」。

這是慈惠醫科大學近藤一博教授的研究結果。

據研究，人類皰疹6型病毒的基因會製造形成憂鬱症的蛋白質。

其實，過去人們一直在研究造成憂鬱症的人類基因，但是始終沒有找到關鍵的基因。

因此，近藤教授轉念想到「說不定不是人類的問題，而是大多數人都受感染的病毒有問題」並且腳踏實地研究至此。

近藤教授在發表研究結果的時候說：「憂鬱症和心靈脆弱沒有關係，

絕對不是出於個人責任而引發的疾病。」

近藤教授說得真好！只要憂鬱的情緒和慾望、興趣低落持續兩週，就會判斷為憂鬱症。

如果就連這種持續性的憂鬱情緒都是病毒的問題，那我們每天感受到的憂鬱，或許就是受到病毒活動的程度影響。

除此之外，二〇一八年八月，在京都大學的成宮周特聘教授和神戶大學的古屋敷智之教授的共同研究中，發現憂鬱症是一種腦部的發炎症狀。據研究，只要有壓力，腦部的發炎細胞就會產生活性，造出發炎物質，進而演變成憂鬱症。

發炎的症狀本來就是為了抵禦細菌和病毒。也就是說，這是人類為了活下去，出於本能刻意引起的反應。

然而，戰場卻因為發炎這個「對戰」的行為而變成一片焦土。也就是說，腦細胞會因為對戰過度而損壞，或者是活動力減弱，進而引發憂鬱的情緒。

這兩種研究目前仍停留在理論階段，接下來全世界的研究機構都將進行驗證，在醫學上要證明這個理論為真應該還需要一段時間。

然而，重要的是這些研究都推翻過去認為「憂鬱是因為心靈脆弱」、「憂鬱就是懶惰病」的武斷說法。

沒錯，「心靈脆弱和憂鬱可能無關」已經是事實了。

當你努力到極限仍然沒有好成果的時候，就會陷入憂鬱對吧。在這種狀態下，還被譴責是「不夠努力」，最後憂鬱的症狀只會越來越嚴重，甚至還會陷入絕望。

我在重考的時候，就是陷入這種狀態。重考第二年的時候，我感受到已經沒有回頭路的壓力，每天讀書十五個小時，拚死仍然沒有考上的那天——

我腦中的生命支線，啪地一聲斷掉，身體宛如沉重的鉛塊動彈不得。回顧當時覺得「乾脆死一死比較輕鬆」的狀態，我想應該就是已經被憂鬱的情緒支配了。

因此，我很了解現在的你有多麼痛苦，多麼想從憂鬱之中解脫。我完全沒有要否定你的意思。

可是，如果這種憂鬱的情緒並不是自己造成的，而是像感冒那樣的發炎症狀，是因為壓力引起的大腦發炎反應……

被這種發炎反應欺騙而去死，未免也太可惜了。

況且，你覺得自己是個廢物，陷入憂鬱而想去死的行為，如果真的是皰疹病毒引起的，那就太冤枉了。

憂鬱不是你的錯。

很有可能就連憂鬱的情緒本身都與你無關，所以，請你先把想死的念頭放一邊，就像感冒的時候一樣去睡一覺吧。

這很有可能是你的免疫系統出問題，所以為了等待系統恢復正常，請給自己一個星期的時間不要多想，好好休息。

憂鬱時的想法和情緒，很有可能都不是你自己的。先停下休息，等待免疫力恢復正常，戰場上的焦土恢復生機，就會草木繁茂、百花盛開。

你一定能回到自己原本的樣子。

憂鬱的成因有可能是病毒。

因此，

你之所以想死或許根本不是你的問題。

身心障礙的新定義

過動症不是身心障礙，只是大腦功能失調

大家認識麥可・費爾普斯這位游泳選手嗎？

他在二〇〇八年的奧運，破紀錄獲得八面金牌。整個選手生涯總共獲得二十八面奧運金牌，被譽為「游泳怪物」。

麥可・費爾普斯從幼稚園的時候就是個沒辦法一直坐在椅子上、無法集中注意力的孩子。

五歲的時候被診斷為ＡＤＨＤ（注意力不足過動症）。

診斷症狀的醫師用否定的態度告訴他的母親：「這孩子可能一輩子都沒辦法專注做一件事。」

一般的母親可能會因此受到衝擊，放棄孩子的人生。然而，費爾普斯的母親沒有接受這種說法。

「這孩子是因為一直對有疑問的事情追尋答案，所以才會充滿活力地到處跑。」他母親回顧當時的狀況所說的話，表達出過動症的真相。

這位母親想把兒子過多的能量用在一件事情上，所以讓兒子去學游泳。然而，費爾普斯就像其他注意力不足過動症的孩子一樣，不喜歡把臉悶在水裡。

到了這個地步，就算是非常樂觀的母親，也有可能會放棄孩子的人生。**然而，他的母親不只沒放棄，還說：「喔，如果不喜歡把臉悶在水裡，那就游仰式吧！」**

因為感受到仰泳的快樂，費爾普斯日復一日地練習仰泳，等到回過神來，整個國內已經沒有對手了。嘗到勝利的喜悅滋味後，對費爾普斯來說，臉有沒有悶在水裡根本就不重要，而他也漸漸在其他項目嶄露頭角。

最後他不僅打破蝶式的世界紀錄，還達成連續拿下四屆奧運金牌的豐功偉業。

在介紹麥可・費爾普斯的報導時，經常會用「跨越過動症的障礙」來開頭。

然而，我認為這種介紹方式不太合適。

因為過動症不是障礙，而是一種能力。

介入長年水火不容的薩摩藩與長州藩之間，促成薩長同盟，奠定明治維新基礎的坂本龍馬，據說也是過動兒。

賈伯斯對電腦很有興趣，熱中於該領域，最後創造顛覆世界常識的產品 iPhone，他也是過動兒。

醫學上的「異常」，說穿了只是指稱超過某個基準值之外的部分。

譬如說，出生時超過標準體重的孩子被稱為「巨嬰」，體重在標準範圍內就是「正常」，在範圍之外就是「異常」。

因此，行動力超過基準值被判定為「過動」，專注力變化的速度超過標準，就叫做「注意力不足」。

然而，醫學一直在變化。

以前認為上課時心不在焉、想別的事，自然而然產生和眼前的事情無關的思考，就是注意力不足過動症的影響下會出現的「令人傷腦筋的缺陷」。然而，昭和大學的岩波明教授，透過研究愛因斯坦和莫札特，發現思維徘徊（Mind-wandering）不僅具有創造性，同時也是工作上需要的能力。

而且，以前和周遭的人沒有共通話題、無法融入團體的孩子，都會被當作「怪小孩」而被整個社會埋沒。

現在美國的教育部認為這樣的孩子為有天賦（比同齡兒童有更卓越的成果，具備優異智慧與精神的孩子），反而把這些孩子放在特殊班級裡小心翼翼地培養。

如果你懷疑自己可能是過動兒，請放心吧。你以為是障礙的過動，只是單純的偏異而已。

更進一步說，過動是一種能力，能夠想像（創造）標準範圍內的人想像不到的東西。

這只能說是一種才能。

因此，請不要再否定自己了。

你覺得是缺點的部分，其實是老天賜給你的優點。

這個世界正焦急地等待新一代愛因斯坦、莫札特、賈伯斯還有費爾普斯出現呢。

你或許就是下一個也說不定。

你以為是障礙的部分，
其實只是大腦的偏異，
除此之外，
也是你的才能。

關於好惡

任何人都有討厭你的自由

我這樣說，可能有點突然。我想請各位想像一下討厭的人。

上司、同事、媽媽圈的朋友、父母……

如果沒有討厭的人，請想像——

「那個談話節目的主持人好討厭喔」、

「雖然不至於討厭，但總覺得很難應付那位客人」。

包含這種情況在內的話，應該沒有人能說自己喜歡全人類吧？

就像有人會說「我喜歡藍色，但是不怎麼喜歡紅色」、「我喜歡山，但是討厭海」，人類是一種會擅自判斷「好惡」、「擅不擅長」的生物。

反過來說，沒有人能強制剝奪這樣的自由。

既然如此，就像我們自己也會有不怎麼喜歡的藝人或客戶一樣，有人討厭自己一點也不奇怪吧。

因為喜不喜歡你，是那個人的自由。

以前有個來看診的患者，非常討厭我。

那這個患者為什麼還要特地來我們醫院看診呢？

這位患者需要註冊醫師才能開的處方藥，而那一區又只有我這個註冊醫師，所以才會不得已每個月都來拿一次藥。

這位患者非常討厭我，一進診間就一臉不高興。

還經常丟下一句「我的狀況都一樣」，就砰地一聲關門走人。

工作人員曾經問我：「醫生，你不會因為那種態度而生氣嗎？」

的確，我剛開始很生氣。

不過，其實我自己也是喜歡的人占八成，不怎麼喜歡的人占二成。

我發現既然自己都有「好惡」，那反過來說有二成的患者討厭我也很正常。

認為「我可以討厭別人，但是不想被別人討厭」，這種傲慢的態度聽起來不是很像「你的就是我的，我的還是我的」嗎？

後來我就變得不太在意那位患者的態度，反而覺得：「這麼討厭我，還每個月都忍著來拿藥，真是太厲害了！」

「不能被別人討厭」、「不能討厭別人」只是偏見，而偏見會製造不安的情緒。

反過來說，只要從這種偏見中解脫，就不會產生不安，能夠輕鬆過生活。

話雖如此，我還是不想被討厭啊！我們也來談談這種類型的案例吧。

以前Ａ小姐曾經問過我：

「我比公司裡的任何人都還要努力工作，每做一件事都會一再確認，所以從來不曾在工作上犯錯。而且我不喜歡閒聊，所以不會加入上司閒聊的話題，工作時不會多說一句廢話。

然而，上司比起我更賞識工作能力差又愛閒聊的Ｂ。我真的不能接受。到底該怎麼辦才好？」

大家覺得該怎麼回答這個問題呢？

其實這個問題裡頭就隱藏著偏見……

各位看得出來嗎？

那就是「只要拚命工作，就能被上司認同，獲得上司的賞識」的偏見。

「拚命工作」和「得到上司賞識」完全是兩回事。因為把兩者混為一談，才會引發悲劇。

今天假設各位養了兩隻狗。

第一隻狗除了一天兩次的正餐之外，絕對不會跟你要零食，也不會隨地大小便。然而，你就算回家，這隻狗也不會來玄關迎接你，連尾巴也不會搖一下。

另外一隻狗經常跟你要零食，也會隨地大小便，可是你一回家，牠就飛奔過來，開心地直搖尾巴，用盡全身的力量告訴你「我好想你喔」。

應該大部分的人都會覺得後面這隻狗比較可愛吧？

雖然你抱持著博愛精神，想要給予每個生命相同的愛，但是很遺憾，現實就是這樣。

我自己也一樣，如果要養狗，也會想選雖然有點呆但是很可愛的狗，就上司的立場來說，也會比較喜歡工作能力不怎麼強，但是很殷勤的屬下。

不過，讀到這裡仍然覺得「我就是不想討好上司」的人，按照自己的想法去做也沒關係。

因為你知道自己「比起被上司賞識，更想盡全力把工作做好」。

「必須受人喜愛，不能被別人討厭。」這是小時候就被灌輸的思想習慣。

擺脫這種思想習慣，選擇認真工作而非獻殷勤。

即便因為這樣不被認同，只要自己能認同自己就好了。

持續腳踏實地努力，你就會漸漸地有成績，最後一定會帶來豐碩成果。

如此一來，你不用獻殷勤，也會受到肯定。

從今天開始就接受被別人討厭的事實，從害怕被討厭的不安中解脫吧。

「我可以討厭別人，但是不想被別人討厭」
這是非常傲慢的想法。
稍微被討厭也是理所當然的。

心臟是會偷懶的器官，並非一直在動！

前一陣子，患者很認真地問我這個問題：

「醫生，我覺得心臟好厲害喔。明明沒有人誇獎，心臟還是二十四小時無休地跳動。

相比之下，我真的好沒出息。只要一下班，隔天就會好累，根本撐不住。公司裡的同事都能做到，只有我會累成這樣，真的好丟臉。有沒有什麼藥能讓我變得可以加班？」

心臟好厲害……我當時一邊聽一邊想著這種說法還真是有趣。**不過，心臟其實並非二十四小時都在工作。**

一天之中應該只有動個2.4個小時。也就是說，一整天有九成的時間都在休息。

心臟一分鐘會跳動六十次。我們可以進一步細分心臟的動作。心室收縮大約需要0.1秒。這個時候肌肉有用力，但剩下的0.9秒心臟肌肉呈休息中的無力狀態。

在這段休息的時間，血液回到剛才送出血液的心室，填滿之後又再度等待收縮，就這樣重複下去。

2.4小時密集勞動，但是也確實休息（21個小時左右）。所以心臟才能持續跳動下去。

這種情形不僅限於心臟。呼吸也一樣。

吐氣的瞬間，肋骨的肌肉收縮，吐出肺臟內的氣息。接下來，當肌肉放鬆之後，肋骨之間的間隙就會變大，肺部也就能吸入空氣了。

就連呼吸也不是二十四小時持續努力，而是有一半的時間休息。

也就是說，生命體就是在「動」與「靜」、「on」與「off」之間重複循環。

換句話說，所謂的生存或許就是一連串的「do（作動）」與「be（存在）」。

這個世界是由晝夜、陰晴、積極和消極組成，少一個也不行。

如果只有晴天的話，動植物都會死去。如果只有正面積極，就不會產生「負面消極」的定義。

因為周遭的人都沒有休息，所以我也不能休息。各位是不是在和別人比較之後，給自己加上多餘的限制呢？是不是認為能做事的自己才能被認可，所以才去責備什麼都不做、只是活著的自己「沒有存在價值，活著也沒意義」？

然而，在正式的憂鬱症治療中，第一步就是要從休息開始。

憂鬱症就像是心靈骨折。

如同身體骨折那樣，需要分靜養期和復健期做不同的治療。

為了讓心靈的骨幹恢復堅韌，頭腦和心靈必須盡量減少活動，徹底休養、睡眠並攝取營養，等待心靈的骨幹修復就是「靜養期」要做的事。

接著，待骨幹確實恢復後，透過散步或閱讀重建疲弱的心靈肌肉，這就是「復健期」要做的治療。

休息是治療的一環，並非偷懶。

因此，請不要因為休息而產生罪惡感。

只認可有做事、對社會有貢獻的自己。等於是只認同收縮時的心臟，否定擴張（休息）時的心臟。

只肯定正面積極、有行動力的自己，否定負面消極、靜態的自己。等於是只認同肺部收縮時的呼氣，否定肺部擴張時的吸氣。

不要被社會的「一無是處」的偏見操弄，請珍惜單純存在於這個世界的自己。

因為你就是獨一無二的自己。

這個世界由晝夜、陽光和雨水組成。
以此形式類推，
身體要休息才能動起來。

男女問題

男人想要結論，女人想要有人懂

之前，患者曾和我聊到「哥哥自殺了」的話題。

聽起來，哥哥的工作很順利，但是退休三年後，一直為夫妻關係不和睦而苦惱。

「既然在家裡過得這麼苦，不如去死一死。」最後哥哥就自殺了。

男人和女人。近來，有越來越多男性具有女性特質，或者是女性具有男性特質。除此之外，還有跨性別者，由此可知男性特質、女性特質這種詞彙今後將會漸漸變成死語。

因此，請把現在當成是從生物學上的「雄性」和「雌性」往前進化的途中。

以現代人的角度很難思考，所以請想像一下繩文時代。

當時，男性為了捕獵物，可能三、四天都不會回家。

女性在這段期間，即便感到不安，也會帶著孩子和周遭的女性一起守護村落。

在這種角色分配的生活中，度過了漫長——歲月，人們開始適應各自的環境，也逐漸提升自己扮演該角色的能力。

然後，這些能力就這樣留在ＤＮＡ裡面。

而且，ＤＮＡ導致大腦在胚胎階段就改變型態，以符合各自的角色。**最後使得男性和女性的大腦變成完全不同的物質，產生截然不同的思考方式。**

具體來說，男性無論個性多好，沒辦法抓到獵物的話，村落的人就會餓死。**因此，要求「成果」的腦部構造發達，這種價值觀也變成男性的思考中心。**

另一方面，女性重視的價值觀又是什麼呢？

女性必須和周遭的人和睦地經營整個村落，所以懂得體諒、理解對方的心情，也會表達自己的情感，讓別人了解自己，藉此強化村落的羈絆。

也就是說，追求「共鳴」的腦部構造發達，這也成為女性的思考中心。

男性腦和女性腦有這麼多差異，所以才會出現以下的吵架狀況。

譬如說，妻子在瑜伽教室和別人處不好，所以和丈夫商量。

丈夫開始發動「要盡快把獵物送到妻子手上，妻子需要獵物」這種「成果」導向的思考。也就是說，丈夫認為妻子需要解決方法這個「成果」，所以沒聽五分鐘就笑著回答妻子：「去別的瑜伽教室就好了啊！」

然而，找丈夫商量的妻子，現在是抱著什麼心情呢？

沒錯，在丈夫不知道的時候，妻子已經啟動為了團結村落而發展出來的「共鳴」導向思考。

這種思考的中心在於「希望你了解我有多受傷」、「希望你知道我有多辛苦」、「希望你知道，在這麼痛苦的狀態下，我仍然很努力」。

當妻子的「共鳴」導向思考占優勢時，丈夫只用五分鐘就說出結論，結束整個話題，妻子會覺得怎麼樣呢？

應該會覺得丈夫用「結論」這把刀砍向自己的心吧。

丈夫笑著想：「我一秒就解決妻子的問題了。真是個好丈夫。」但是妻子覺得：「丈夫在我受傷的心上又砍了一刀。我的心被丈夫的語言之刃砍傷，已經死了。」

這就是「離婚」這個絕望的幼苗竄出來的一瞬間。

從事這個工作二十年，在診療的過程中，我見證二百人離婚的經緯。大家可能會覺得，應該是因為「身心疾病」這種特別的原因導致離婚吧？

然而，那只是誤會。

很多女性患者悲嘆並絕望地說：「丈夫在經濟方面和教育小孩都做得很好，但是完全不懂我得憂鬱症的痛苦。」

也就是說，無論丈夫有多麼支持自己，和丈夫沒有共鳴就會誤以為「丈夫對自己沒有愛」，最後甚至離婚。

很多男性患者會說：「我一邊吃抗憂鬱劑，一邊拚命賺錢還房貸、養小孩（拿出成果），但是我太太還是一直問我『這種藥要吃到什麼時候？你願意的話，我可以跟你聊一聊』，真是豈有此理。我受不了了。」丈夫非常執著於自己交出成果卻不被認可這一點。

最後，因為妻子沒有對「成果」表達感謝，只會表達「擔心（共鳴）」，而誤以為「妻子對自己沒有愛」導致離婚。

既然如此，該怎麼做才能修復夫妻關係呢？

首先，請了解彼此的差異，然後放棄掙扎。因為這是結構的問題，所以沒有辦法改變。

如果因為無論如何都無法忍受現任伴侶的這個部分而分手，只要性別不同，以後也還是會出現一樣的問題。

接受對方和自己的不同，放下想要控制的念頭。

這就是最能夠讓自己輕鬆的方法。

大家都不一樣，
這也是沒辦法的事，
人類就是這樣啊。
放下吧！

人際關係的奧義

只要心甘情願，就不會討厭別人

前一頁提到跨越「男女差異」的方法。

如果各位已經了解男女的心靈構造，接下來還可以做一件事。**那就是——「理解對方，心甘情願去做對方想要你做的事」**。沒錯，要「心甘情願」。

也就是說，如果妳是妻子，那就要認同並且感謝丈夫每天努力獲得成果。對不得已只能向客戶低頭、明明薪水微薄還是把收入都投入家庭的丈夫說：「謝謝你。因為有你，我們才有飯吃，孩子也能去上學。真的很謝謝你。」

如果你是丈夫，請好好聽妻子說話。

然後在聽完之後，給予有共鳴的話語：「明明這麼痛苦，妳還是忍下來了。我覺得妳很棒」、「這真的很慘耶。妳做得很好。好厲害喔」。

這不只可以應用在男女之間的問題，也可以應用在所有的人際關係上。**只要學會「感謝」和「共鳴」，無論什麼樣的人際關係都不會出問題。**

而且，最重要的就是開頭提到的，要「心甘情願」去做。

和患者對話的時候，我發現有很多人都有「想法上的誤解」。

也就是「傳達給別人的想法，和自己真正的想法差很多」。

譬如說——

某位患者說：「我想和同事好好相處，請告訴我該怎麼做。」

當我回答「這樣做就可以了」的時候，有九成的患者會生氣地說：「明明是同事有錯在先，為什麼是我要先低頭啊！」

但是這種情況真的很奇怪，就像徒弟說「請教我做一碗美味的拉麵（良好的人際關係）」師傅就如實地教了。

結果，徒弟反而生氣地說「為什麼我一定要做拉麵啊（為什麼自己要為了和同事好好相處而行動）」但是當事人都沒有發現。

也就是說，其實患者想表達的是「有錯的是同事，我一點錯也沒有，希望醫生可以站在我這邊」，但是因為覺得不好意思，所以才變成用「我想和同事好好相處，請告訴我該怎麼做」這種形式表達。

現在最重要的不是判斷誰對誰錯。而且，我們甚至不知道對方想不想和自己好好相處。

想改善關係的人不是對方，而是「自己」。

既然如此，只能靠自己行動了。

也就是說，因為是自己想改善關係所以改變做法，那就不是「勉強去做」，而是抱著「心甘情願」的態度。

在彼此都很痛苦的狀態下，沒有人會討厭抱著「能夠為你做點什麼，我真的很高興」這種想法的人。

只要學會「感謝」和「共鳴」，
無論什麼樣的人際關係都不會出問題。
所以請先從感謝開始吧。

幫助患者的方法

不要和沮喪的人一起情緒起伏

身為精神科醫生，每年會有幾次受邀為精神疾病患者的家屬演講。來聽演講的人，都是全家團結支持憂鬱症患者的家屬，所以很多人都筋疲力盡。有時候，照顧者陷入憂鬱的狀況也不少。

以前我對這些家屬演講的時候，幾乎都是照本宣科。

「請多體貼患者。」

「請這樣幫助患者。」

我曾經像這樣，從「幫助病患的方法」這種角度演講。

然而，聽到這些內容的家屬大多垂頭喪氣地離開——

「我已經沒辦法再更努力了……」

我心想再這樣下去不行，所以改變傳達的內容。

「不需要體貼患者。
請先照顧好自己的健康，把休息視為最重要的事。」

在我這麼說完之後，眼神黯淡無光的家屬們突然變得充滿光彩。明顯變得很有朝氣。

這些人會特地來聽演講，就表示大家都是非常溫柔、過度體貼的人。

憂鬱症患者經常會突然哭出來、突然暴怒、晚上睡不著或者是難以入睡，每次都要傾聽患者的心聲，家屬也會變得脆弱。

即便不到憂鬱症的程度，要求家屬貼近沮喪的家人，就像是要求他們「一邊坐雲霄飛車，一邊在患者身邊支持他」。

如果每天都這麼做，當患者真正有需求的時候，家屬反而沒辦法幫忙。

因此，家屬不需要一起搭上情緒的雲霄飛車，只要繼續玩旋轉木馬，保持微笑告訴對方「這樣比較開心喔」就好。

不需要配合對方，導致自己的情緒也跟著上下起伏，表現出「一般的基準大概是這樣」非常重要。

譬如說，我經常看到丈夫憂鬱症，妻子就覺得自己也不能開心，所以強忍自己的情緒。

自己都沒辦法充電了，一直把能量灌輸到對方身上只會過度消耗自己。

如此一來，反而會讓妻子對因病在家無所事事的丈夫感到憤怒，進一步責怪丈夫。

結果，對這樣的自己感到厭惡與罪惡，開始責備自己，引發一連串的惡性循環。

罪惡感等於是用長槍捅在有裂痕的脆弱心靈上。在這種狀態下，會讓必須解決的問題變得更困難。

接下來我要談的案例是妻子在帶孩子的過程中精神衰弱，所以先生一直在家中扮演照護者的角色。

他也是因為太過體貼伴侶，導致上班要承受上司給的壓力，回家又要面對妻子造成的壓力，最後無處宣洩而罹患憂鬱症。

抱持著身為一家之主的自覺固然很重要，但是只要自己倒下，家庭也會跟著瓦解。

我想這一定是責任感比任何人都強烈的你最不想見到的狀況。

如果妳是扮演妻子那一方的角色，請自行走下雲霄飛車，和媽媽圈的朋友們好好享受一頓午餐吧。

在那個時候，可以盡情吐露對丈夫的不滿。

這並不是在丈夫背後說壞話。

請妳在充飽電之後，實現丈夫想要妳完成的事情吧。

如果你是扮演丈夫的角色，請送給妻子三個小時的獨處時光，讓她去趟髮廊吧。然後，也請妻子給你自由的時間，讓你可以充分享受自己想做的事情。

和朋友一起吃飯的話，可以對朋友抱怨，甚至哭出來也沒關係。

因為你已經很努力了。

俗話說「有苦同擔，再苦也只剩一半」，但是分擔過頭導致自己的能量都用光的話就本末倒置了。

不過度體貼對方，自己保持在幸福的狀態，這些能量就會傳達給患者，讓患者回想起：「以前健康的時候，我也是這種感覺。」

這種分享，我覺得非常動人。

為了幫助對方，
自己要先幸福才行。
為了做到這一點，
請不要「過度體貼」。

Chapter

3

光是改變心靈，就能獲得新生

對自殺的考察

從精神醫學的角度來看，人爲什麼會想死？

最近，有很多藝人自殺。

根據厚生勞動省發表的警察廳自殺統計數據，令和元年（二〇一九年）總共有二萬又一百六十九人選擇自殺。

說不定有些人就是因為想死，所以才在死前拿起這本書。

那麼，人到底為什麼會想死呢？

想死就是認真活著的證據。

越是在意人生目的和自我使命的人，越會認為「帶給人們希望與感動」才有活著的價值。

這樣的人會為了獲得活著的價值而拚命努力。

這種想法本身非常好，我也希望自己能做到。

然而，問題就出在於過度鑽牛角尖。

拚命活著的這些人，心靈深處認為自己如果沒有帶給人們希望與感動，就沒有活著的價值。

然後，碰到現實不如預期順利時，就會誤以為辦不到這些事的自己不如去死，而且還真的執行。

如果是個性認真的人，或許會覺得：「會這樣想也是無可厚非。」然而，就算想法正確，也不代表真的需要去死吧？

雖然我這樣說有點誇張，但是我們所有的生命體，都是一起搭乘「地球號太空船」的夥伴。

這個地球上的動植物全部都是一家人。

害怕獅子但仍然努力求生的斑馬、

為了冬眠而捕鮭魚，但是苦於漁獲量驟減的亞洲黑熊，

如果從旁看到人類只因為覺得「自己沒有價值」就決定去死，應該會傻眼地說：「未免太鑽牛角尖了吧。」

除此之外，從巨大的地球生命循環來看，大自然一定會覺得人類很不可思議，心想：「咦？這是怎麼回事？」

你真的非常努力了。

為了改善情況，你不知道做了多少努力。

就結論而言，你拚命反覆思考，最後才決定想死，所以我完全沒有要否定你的想法。

不過，請容我問一個問題。

你這麼拚命面對「活著」這件事，甚至弄得自己筋疲力盡，這樣的你

真的想死嗎？

你的五感真的想要你去死嗎？

你的心臟現在仍然拚命跳動，它是真的想死嗎？

體內為數六十兆的細胞呢？

除了影響你思考的憂鬱情緒之外，被花朵和貓咪療癒、熱中於玩電動的心，真的想死嗎？

你只是對現在的生活方式感到疲倦與絕望而已。

正因如此，在選擇死亡之前，要不要結束過去，選擇別的生活方式呢？

不講究「做什麼（do）」，也不要因為做不到而感到不安或者沒有價值，允許並認同自己「單純存在（be）」。

盛開在大自然中的花朵，無論在什麼環境下，都不會說「我想死」。
就只是單純地綻放而已。
你就活在當下。
單純地活著。
而且，你之所以想死，是因為你比任何人都還要誠懇而且拚命地活著，
因為你是如此地努力。

誠摯面對「活著」這件事，
甚至把自己弄得筋疲力盡，
這樣的你真的想死嗎？

「想死」的念頭背後隱藏著「想活下去」的慾望

我以前曾經幫一位年輕的患者看診，他讓我印象很深刻。

這位少年國中的時候只要稍微讀一點書就能考到好成績，所以備受期待。他升上的高中也是當地數一數二的公立學校。

然而，他因為過度相信自己的能力而疏於學習，成績一落千丈。

雖然好不容易高中畢業，但考大學的時候並不順利，已經確定要重考第二次。

剛好在這個時候，他出現提不起勁、沒辦法去補習班的症狀，所以開始來我的診所報到。

剛開始來看診的時候，他一直說一些「我是個重考兩次的廢渣」、「自己根本沒有活著的價值」之類的自我否定句。

雖然我想告訴他，他身上其實有很多優點，但是他說：「醫生說這種同情的話，反而讓我更想死。」

有時候甚至會出現割腕的症狀。

我很了解重考生的孤獨，而且這位患者告訴我：「其他的大人都很偽善，讓人無法信任，但是醫生你不一樣。跟你說話，我的心情會比較輕鬆。」所以我請他隔週來看診一次。

然而，憂鬱症的症狀遲遲沒有改善，患者過了九個月仍然不改想死的心情。

我一心想著「希望他不要死」，拚命說服他，抱著「總之先讓他活兩週」的心情諮商。

然而，我自己終於筋疲力盡了。

有一個瞬間，我說出真心話：「我不否定你想死的心情，可是你到底為什麼想死呢？」

當時，患者稍微想了一下才說：

「其實我爸爸本來就很會讀書也非常優秀，直到十二歲為止，他都經常陪著我和弟弟。等我們睡著之後，半夜十二點到三點那段時間，都在自己的房間裡加班。

爸爸真的很厲害……

有一次，我們聊到三島由紀夫。

爸爸說：『我沒有勇氣像三島由紀夫那樣自殺。』

我突然回應說：『我總有一天會自殺。』我永遠都忘不了爸爸當時震驚的表情。」

那個時候我才知道，這位患者口中的「想死」，背後隱藏的真正意義。畢業於優秀大學、品格也非常出眾的父親和重考兩次有精神疾病的不成材兒子。

對於一心這麼想的患者來說，自殺是唯一能超越優秀父親的方法。

換言之，就是他「非常想獲得父親的認同」甚至不惜去死。他就是這麼喜歡自己的爸爸。

同時，我也明白他為什麼只對我敞開心門了。

我雖然曾經重考三次歷經挫折，但是因為我爸爸是醫生，所以抱著「怎麼可以輸」的心情拚死也要成為醫生。

而且，身為外科醫師的父親認為「只要把人體當成物品，切除有病變的地方就好」。而我為了反駁他的想法，成了精神科醫師。

我父親在病床數超過八百床的綜合醫院當院長，而我選擇在社區當開業醫。即便看起來低人一等，我也不想在組織下機械性地從事醫療工作，反而想要挑戰有人情味的醫療模式。

我用這樣的方式反抗父親，一直選擇和他相反的路。

而他因為「贏不過父親」感到沮喪，為了超越父親決定自殺，而且還嘗試了好幾次。

我們兩個人在大眾的眼中，表面上雖然不同，但其實是同類，他在我身上看見自己，我也在他身上看見自己。

發現這一點之後，隔週看診那天我也請他的父親一起來。

我把自己的事情說出來，也傳達：「他其實不是真的想死，而是想要得到父親認同。」

聽完之後，他和他父親似乎都能理解，從那之後他「想死」的念頭大幅減少。

拿起這本書的讀者之中，一定也有很多人其實抱著「想死」的念頭。我不否定這樣的心情。

但是，請先放下情緒，稍微想一想。

你想死的理由，會不會是因為被父親否定了？還是被母親否定了呢？

如果是這樣的話，你或許並不是「想死」，只是想得到父親或母親的認同而已。

若這和你的狀況相符，那案例中的少年就是我和你。

假如你也覺得他自殺很可惜，那你自殺也很可惜啊。

你有活著的價值。

因為你非常重視每個念頭，拚命又認真地活著，甚至到想死的程度。
不要被「想死」這種表象欺騙，請找出表象背後隱藏的真正心思。
你到底是為什麼想死呢？

不要被「想死」這個表象欺騙，
試著找出表象背後隱藏的真正心思吧。

陷入憂鬱狀態的你也很棒！

有一位四十八歲的男性來找我諮商。

在診間聽到他說：「我已經不行了。我不知道該以什麼為目標活下去。」

這個男人比任何人都要提早上班，第一個打開公司大門，也永遠比所有人晚回家，總是最後一個離開，他兢兢業業地持續工作十五年。然而，不知道是不是他努力過頭了。自從心肌梗塞倒下之後，他就無法感受到自己的價值了。

想要再拚一下的時候，心臟就會抗議，也完全失去以前的幹勁。在自己不知道該怎麼活下去的狀態下，就連上司也說他「沒有以前勤勞」。

聽到他這麼說，我想起在內科實習時遇到的患者和家屬。

千禧年的冬天。我值班到凌晨兩點左右時，一名四十歲的患者被送進醫院，他意識不清、病況危急。患者是一名肩頭寬闊、體格強健的男性。

做頭部的電腦斷層掃描之後，發現他左腦大範圍出血。包含人工呼吸器在內，我們做了各種處置，但是沒等到腦外科醫師抵達，那名患者就往生了。

和五歲女兒一起趕到醫院的太太，精神恍惚地開始說起過世丈夫的事情。

根據太太的說法，患者高中大學都是橄欖球社的社員，從來沒有生過病，整晚熬夜仍然活力充沛。過了一段時間，又聽到太太邊哭邊說：「為什麼我老公這麼健康還……」我覺得很遺憾，心想：「怎麼又……」

我之所以這樣說，是因為乍看之下朝氣蓬勃的人突然橫死的情形並不稀奇。

到底是怎麼回事呢？其實這些人其實一點也不健康，只是身體沒辦法好好發出「好難受、好痛苦」的警報而已。

我們就拿流感當例子吧。尤其是小孩很容易出現三十九點五度的高溫，父母會嚇得急忙帶小孩去看醫生，但大多數的情況下都不需要擔心。

因為高溫並不是流感引起的。

身體的本能知道接近四十度的高溫可以讓病毒失去活性（死亡）。因此，身體發熱只是對流感發動正確的免疫反應，刻意變更體溫。

也就是說，身體正在運用自己的力量提升體溫。

醫生其實也知道這一點。

然而，因為患者「想要退燒」，而且也為了避開幾萬分之一會出現高燒引起的昏迷，只好勉強開抗病毒劑和解熱劑。

剛才那位患者的狀況又是如何呢？我想他應該是對自己的體力很有自

信，所以就算身體發出慘叫，仍然過度相信「自己沒問題」。

結果，過度自信反而成了回馬槍，導致自己枉送性命，所以我才會覺得很遺憾。

現在來看診的這位患者，因為憂鬱而失去以前的幹勁，也完全喪失自信。

我反而覺得這樣非常好。

因為這是身體的防衛反應，抑制大腦中讓人產生幹勁的物質分泌，藉此使患者沒辦法勉強自己，在我看來這是非常出色的能力。

很遺憾，身體不會說話。

因此，只能透過症狀試圖告訴你「一些事」。

過敏就是為了傳達「這個東西不能吃」而出現的身體反應。
鼻涕則是身體拚命排除跑進來的廢物才會產生的東西。

如果你為了找到「自我價值」而拚命掙扎，勉強自己接下大家的工作，身體就會為了傳達「別這麼拚」的訊息而刻意抑制幹勁。
如果這是「疾病」，其實也不用勉強治好。

症狀並不是「麻煩」，而是非常優秀的能力。
不要被自己腦袋的想法影響，請多傾聽身體的聲音。
請好好慰勞努力生存的身體。

即便上司嘲弄，你也不要在意。
對上司這個指揮官來說，參加比賽的馬，如果擁有高度戰鬥力、持久力、移動力就會被奉為珍寶。

但你並不是公司競爭比賽上的寶馬。
你的人生是你自己的。

不是只有「努力」才能為人生加分，
「不努力」也是人生中很重要的加分項目。

症狀並非「麻煩」，
而是身體發出的求救訊號，
也是非常優秀的防衛能力。

活在當下

必定會讓人沮喪的強力魔法

這裡我要介紹的是「讓人沮喪的魔法」。

你可能會嚇一跳，心想：「咦，你這個精神科醫生在亂寫什麼？」不過，這是賦予你活下去的勇氣時，非常重要的東西，所以請繼續讀下去。

很受男性歡迎的年輕時代。
光輝耀眼的學生生活。
工作很有價值的二十幾歲。
同事都很和睦的前公司……拿最棒的回憶和現在比較，大部分的人都會覺得「那個時候一切都很順遂，以前過得真開心」，然後覺得現在很慘很憂鬱。

因為拿現在和自己光輝的黃金時代相比，這種落差本來就會讓大部分的人都感到沮喪。

實際上，來看診的患者之中，有不少抱著「以前我很能幹」的想法，一直停留在過去光榮時刻的人。

「大學的時候最開心了。好想回到那個時候。」

「男朋友後來成了現在的老公，但以前還是女朋友的自己最美最耀眼。」

然而，只要你一直緬懷過去，就無法邁向未來，治療也會一直原地打轉。

一定會讓人感到沮喪的超強魔法就是「把過去拿來和現在相比，悲觀

看待現在做不到的事情」。

這真的是惡魔般的魔法，所以絕對不要對自己施這種魔法。

那到底該怎麼辦才好呢？

在日本廣為人知的金八老師克服魔法的方式，或許可以拿來參考。

演員武田鐵矢先生因為電視劇《3年B班金八老師》爆紅，在演藝圈廣受歡迎，演出許多電視劇。

然而，他四十二歲時，因為《101次求婚》這部高收視率的電視劇再度變得忙碌，最後陷入憂鬱狀態。

他曾在電視節目中表示「我覺得非常疲勞。想法變得很黑暗。但是，公司如果讓我休假，我又會覺得會不會就這樣沒工作」，同時反應出「有工作的痛苦」和「沒工作的不安」。

從那之後，憂鬱的狀況持續超過二十年，直到他過了六十歲，歷經心臟瓣膜置換等大手術之後，他對日漸年老的自己更沒有自信，但是某句話救了他。

「人生就像爬山。
往上爬之後就必須下山。
一直往上爬最後只會遇難。」

這是心理學家榮格說的話。

很多人都覺得一直往上爬、一直成長進步是一件很棒的事情。

所以打算永遠攀登高山。

那些「進步、成長」可能是地位、金錢、名譽。

然而，人類總會體力衰退、眼睛看不見、白頭髮變多，漸漸做不到以前能做的事情。

就像小嬰兒包著尿布從爬行到學會走路，最後還能跑步一樣，攀登到山頂之後，漸漸地會沒辦法跑，年事漸高之後就連走路都會很辛苦，甚至還要包尿布。

這一點也不丟臉，因為這是大自然的法則。

我們或許會因為年齡日漸增長而失去體力，但是也會獲得無可取代的經驗。

有失也有得。

這也是大自然的法則。

因此，做不到以前能做的事也不必在意。

就像認同自己一路往上爬那樣，好好肯定正在下山的自己吧。

這是破除強力魔法的唯一方法。

人生就像登山。
不要只顧著上山，
也要好好下山。

資訊斷捨離

你還記得一週前在網路上看到的資訊嗎？

在精神科看診久了，就會深切感受到現代人真的很容易被資訊影響。

譬如說腦中風這個疾病。

腦中風「最容易讓人擔心的症狀」就是頭暈和想吐。

我先從「頭暈」這個症狀開始談。

人類只要「動脈」和「靜脈」的血流量大致相同，就不會產生任何症狀。

然而，當人因為某些事情感到緊張的時候，肌肉繃緊就會導致情況轉變。

動脈通過身體的中心，而靜脈則是穿梭在肌肉之間。因此，靜脈受到繃緊的肌肉壓迫時，當然就會導致血液循環變差。當這些無法通過靜脈的血液想回到心臟，就必須通過淋巴管。

這種情形如果發生在耳朵周圍，就是輕微的「內淋巴水腫」，也是頭暈和耳鳴的成因。

然而，只要出現頭暈和耳鳴的症狀，就會有很多人因為在電視上學到半吊子的知識就懷疑自己是不是腦中風。

當然，去腦外科做電腦斷層掃描，也只會得到「無異常」的結果。接著又因為找不到症狀的成因，招致多餘的不安……

然後，導致肌肉持續緊繃，又引起頭暈症狀，開始重複惡性循環。

尤其入秋的時候，北風吹來，沒有戴圍巾暴露頸部會讓肌肉緊繃，剛才的循環就會開始啟動。

當然，這並非異常。

儘管如此，還是有很多人囫圇吞下網路上的資訊，誤把這種頭暈當成疾病。

十一月突然變冷的某天，有四名新患者都說他們有暈眩的症狀。

我不禁苦笑，心想：「總覺得自己好像有四堂課的學校老師，然後每堂課都講一樣笑話。」

接著來談談「想吐」。

這個症狀也是經常在電視上被介紹為腦部重大障礙的表徵。

然而，心靈和身體是一體兩面的東西。

精神科認為，大多數的想吐，都是人用身體表現「不想接受」的意志。

在漫畫或電視劇裡看到的菜鳥刑警，總是抱著「我要抓犯人」的雄心壯志來到案發現場。你腦中有沒有浮現菜鳥看到案發現場的慘況之後，馬上大吐特吐，還要老鳥在一旁照顧的場景呢？

一旦人類心中出現無法接受的事情，就會產生嗚咽、想吐的症狀。

當然，這些症狀本身並非疾病。

最近，有越來越多人到了要上班的時候就想吐，甚至有人真的吐了。這也會讓人誤以為是「大腦方面的疾病」，到各大醫院就診之後找不到原因，變得更加不安之後又繼續到別的醫院看診。

沒辦法找出病因，並非你得了絕症。

這只是在身體的正常反應範圍中出現的症狀而已。

儘管如此，人還是在網路上發現一些不必要的疾病，引發多餘的不安和緊張，反而讓症狀更加惡化。

網路非常方便，但是有時也具有毒性。

據說相較於網路出現之前的三十年前，現代人的資訊量是當時的二十倍。

也就是說，現代人光是活著，就理所當然會被資訊牽著鼻子走，頭腦隨時處於爆炸的狀態。

在爆炸的狀態下，加上工作的負擔，有些人會誤以為自己沒有處理工作的能力，甚至因此出現想死的念頭。

不過，請各位仔細想想看。

如果被問到：「請說出一週前的這天，瀏覽網頁時留下印象的三件事。」你能夠答得出來嗎？

當然，包含我在內，應該大多數的人一個都說不出來。

也就是說，我今天用手機花了一個小時又四十五分鐘搜尋、瀏覽的十六則新聞（我仔細確認過了。哈哈。）到了下週的這個時候就完全不記得了。

沒錯，我們一天會花很多時間在這些連垃圾都不如的資訊上，使得大腦和心靈疲勞。

今後請不要再被周遭的資訊影響，開始資訊的斷捨離吧！

請不要把什麼都不做誤以為是「浪費時間」，大腦本來就因為工作和家事而疲憊不堪，不要再拚命把新的資訊往裡頭塞了。

因為電腦和手機的CPU、記憶體（等同腦漿的部分）沒有被使用的時候才能發揮真正的效能啊。

為了讓大腦運轉，
請釋出空間吧。
沒問題的。
在網路上看到的資訊，
大多都是人生中不需要的東西。

區分「兩種喜悅」，遠離空虛感

在精神科診所看診，一天之中就會有兩個人說「想死」。

當我問患者「為什麼想死」的時候，

我發現有很多人都回答：「因為活著沒什麼意思，覺得很空虛。」

有男性患者哀嘆：「就算大手大腳花掉賺來的錢也毫無成就感。」也有女性患者眼眶含淚地說：「我一直在為家人料理三餐，就像一個女傭一樣，實在太空虛了。」

既然如此，你覺得是什麼讓人覺得人生沒意思、很空虛呢？

我認為原因在於大家都把「兩種不同的喜悅」混為一談。

● 享用點綴精緻的網美聖代
● 買到可愛的手提包很開心
● 買門票去迪士尼樂園盡情玩耍
● 購買農夫精心栽種的新米，烹煮成美味的米飯來享用

這些是屬於「消費性質」的喜悅。

「消費的喜悅」最大的特徵就是「既輕鬆又愉快，但是沒有成就感」。

雖然能夠馬上得到「快樂」，但是因為無法獲得成就感，所以只有這種類型的喜悅會讓人感到空虛。

另一方面，以下四種狀況就是「生產的喜悅」。

● 農夫耕田，培育並收成稻穀
● 藝術家捨身創造自己的作品

●父母養育孩子
●為你最愛的人做菜

這種喜悅的特徵就是「過程雖然痛苦，但是能得到成就感」。

不過，在獲得成就感之前要花很多時間也很辛苦。因此，當人疲勞到不知道自己在做什麼的時候就會感到空虛。

所有的現象都是銅板的正反面。有優點就必然會有缺點。

譬如說，某天突然有人送你一個一直很想要的皮包。這種時候，剛開始會很開心，但是帶回家的路上反而瞬間沒有這麼想要了。你有過這種經驗嗎？

之所以會發生這種現象，其實是因為「消費的喜悅」和拚命工作賺錢的「生產的喜悅」兩者混在一起了。

很遺憾，「消費的喜悅」並不會帶來慢慢存錢買到手的成就感。

譬如說做拿手菜給男朋友吃，剛開始會很開心。但是，漸漸就會覺得去買食材、收拾碗筷好麻煩。你有沒有這種經驗呢？

這也是「消費的喜悅」和「生產的喜悅」混合在一起而引起的現象。

「生產的喜悅」一定會伴隨辛苦和困難。然而，人總是會在某個時間點把途中出現的「好麻煩」當成是「空虛感」。

「消費的喜悅」和「生產的喜悅」。

兩者就像呼吸一樣，是成對的存在。

沒有哪一種是對的，也沒有哪一種是錯的。

吸氣可以帶來氧氣，吐氣可以排出二氧化碳。

無論哪一種，都是生存上必要且重要的行為。

儘管如此，我們沒有辦法同時「吸氣」和「吐氣」。

看是要選擇放棄成就感，放鬆享受快樂與喜悅。

還是在困難和辛苦中找出喜悅，獲得成就感。

只要了解自己正在追求哪一種喜悅，並且知道自己在哪一條路上，就能夠明白空虛的原因，也能活得更輕鬆了。

生產的喜悅和消費的喜悅要分清楚。
沒有哪一個比較重要，
而是兩者都很重要。

人生剩餘的時光

人之所以會想死，是因爲以爲生命無限

我太太很喜歡貓，結婚的時候她把愛貓留在老家。

因為四月四日生，所以被取名為「佐羅」。這隻貓非常開朗，是大家的開心果。

然而，二〇二〇年的九月底。牠的右頸出現十公分大小的腫瘤，看起來痛苦，所以帶去動物醫院檢查。

第一間動物醫院的診斷結果是——

「超音波檢查發現血腫（並非細胞增生，而是血塊）但是不確定出血的原因，所以先抽血觀察看看。」

血腫暫時消了，但是隔天馬上又腫起來，病情一直反覆並沒有改善，所以換了一間醫院看診。

第二間動物醫院做完超音波檢查後，診斷結果也一樣，用針筒抽出的血液細胞中，並未發現腫瘤細胞。也就是說，這並非惡性血腫。

然而，牠漸漸開始出現貧血的症狀，也變得有點沒食慾，所以請醫院注射點滴。

在這間醫院一樣也是用針筒抽出血腫，但隔天又恢復原來的樣子。詢問獸醫原因，也只得到「不清楚，只能用現在這個方法觀察看看」這種消極的答案。

就這樣不斷反覆用針筒抽血又血腫的循環。後來血腫膨脹到二十公分大，已經是原本的兩倍，家人覺得地方動物醫院的治療已經到極限，所以暫時讓貓咪住在我們家，在這裡尋找第三間醫院。

在第三間專門治療腫瘤的動物醫院，照超音波發現有血腫也有腫瘤病變（無論良性或惡性，都是細胞增生的結果）。

醫生說：「考量可能需要切除，所以要做電腦斷層掃描。不過，做電腦斷層掃描需要全身麻醉，也要考量麻醉的風險。」就在觀察期間，原本柔軟的血腫開始變硬，牠也完全不吃東西了。

而且，佐羅開始血尿，幾乎臥床不起，完全沒辦法動。

我們每天在家裡做混合鐵劑和止血劑的流質食物，用針筒從嘴巴餵食，一天要餵五次，所以幾乎每天都睡眠不足。

十一月下旬，發現異常的醫師，熱心介紹我們到綜合動物醫院做電腦斷層掃描。

在第四間的綜合動物醫院做電腦斷層掃描，結果發現是「血管肉瘤」。惡性癌細胞侵蝕頸部右半邊到整個右肩胛骨，大小有二十公分。

已經確定癌細胞轉移到兩側肺部和腹部大動脈周圍，而且因為貧血太嚴重沒辦法幫牠麻醉。

血小板數量太少會無法止血，所以也沒辦法開刀，在病況無法恢復的狀態下，我們知道能和牠相處的時間不多了。

最後讓牠在家裡吊點滴，但是這些治療一點用處也沒有，佐羅就這樣過世了。

這些事情發生在短短兩個月之內。

兩個月之內，診斷從單純的血塊，變成癌症末期。

這段時間的心煩意亂和沮喪，真的筆墨難以形容，在愛貓的生命快到終點時，我真的很希望牠能活下去，同時也強烈覺得活下來的自己要更珍惜生命。

人有時候會痛苦到想死。

然而，那應該是因為心裡覺得「在這麼痛苦的狀態下活著實在太難受了，好想讓這種痛苦消失」才會出現想死的念頭。

然而，只要了解生命並非無限，而是有限的東西，生命的份量就會改變。

用可能會被誤解的話來說——「人以為生命是無限的，所以才會想死，只要了解生命是有限的，就會想活下去」。

想到兩個月前還活蹦亂跳的愛貓，我就覺得好難過，早知道當初就多抱抱牠，要是能早點發現症狀就好了。

因為每天都理所當然地過日子，所以會覺得生命能一直延續。

但是，我們已經無法回到能夠擁抱牠的過去了。

因為愛貓過世的事情，讓我們發現現在的每一天、每一刻，都是彌足珍貴而重要的時光。

生命是有限的。

光是活著就已經是很厲害的奇蹟了。

而且，這個奇蹟總有一天會結束，當下的這一瞬間再也不會回來。

如果每天都在「早知道就那樣做」、「為什麼別人都不懂我」這種後悔或不滿等無謂的煩惱中度過，真的很可惜。

正因為我們無法回到過去，才更要用絕對不後悔的想法填滿每一刻。

請和無可取代的重要人或寵物，盡情創造快樂的回憶吧。

這就是愛貓最後要我傳遞的訊息。

人以為生命是無限的，
所以才會想死，
只要了解生命是有限的，
就會想活下去。

Chapter

4

活著的人能做的事
就是活下去

人生的規則

人生如果沒有經歷一番艱辛，就會很無聊

因為工作的關係，我會閱讀各種領域的書籍。

其中，有一本是由報社記者撰寫，關於「死後世界」的書，我覺得內容很有趣。

主要的登場人物是報社記者妻子和演奏家丈夫。丈夫死後一段時間，妻子收到丈夫從天堂傳來的訊息。

剛開始都是一些「天堂很棒」、「想要什麼都有」之類充滿肯定的話。

然而，丈夫漸漸開始覺得天堂很無聊。

因為在天堂可以實現一切願望，

所以沒辦法獲得努力後的「成就感」以及不知道會不會實現的「緊張感」。

結果，丈夫開始嚮往不自由又很難如意的現世，希望能夠投胎轉世。

我是以現代醫學為業的醫師，並不是靈媒，所以我不知道世界上到底有沒有天堂或冥界。

假設真的有天堂，而且人的確可以從冥界投胎到現世。

那為什麼現世總是無法如意順遂？

聽過這個故事之後，就能知道答案了。

這是我重考第三年時的事。考試結果一直不好，我也開始討厭讀書，最後自暴自棄整天泡在遊樂中心。

遊樂中心裡面有一個被譽為「格鬥遊戲大神」的人物。

他所向無敵。無論是誰跟他挑戰，無論電腦多強，這個神一般的人物都能瞬間擊敗對方。

可能是因為這樣吧，大神漸漸開始覺得無聊了。

從某天開始，大神就改變戰鬥的方式。

遊戲開始之後，他就一直被敵方攻擊。

大神刻意毫無防備地承受攻擊，減少血量，直到再被攻擊一次就會輸的時候才把手放在搖桿上。

是打倒對方，還是被對方打倒，只會有一種結果。換了一個戰鬥方式之後，大神比平常更精神奕奕了。

周遭的人也對這種狀況感到興奮，只要大神贏了，整個遊樂中心的人都會拍手叫好。

沒錯。遊戲越難，過關的時候不只本人開心，就連周遭的人也會陷入瘋狂。

人生就像是耗費漫長時間的遊戲。

這就是人生無法如意順遂的秘密。

如果一直沒有辛苦過，人生就會很無趣，所以刻意設定成必須經歷困難。

過八十關都沒有減少一次血量就輕鬆結束，那這就只是個爛遊戲而已（無聊的遊戲）。

人生困難到要拿起這本書閱讀的你，一定是遊戲大神。

既然都選擇了困難的人生，那就好好享受吧！

遊戲越難越好玩，
就連周遭的人都會熱血沸騰。
人生也一樣。

邁向新的階段

「死亡」無法重置人生

你有自己的歸處嗎？

問這個問題的時候，應該很少有人能充滿自信地說「有」。

有些人會說「我找過了，但是找不到」。

也有些人是覺得「因為沒有歸處，活著也沒用」所以嘗試自殺，最後沒死成所以來醫院看診。

父母生下我們。

家庭的構造剛好是在「父親」和「母親」兩組巨大的圓木上，鋪一層厚木板組成的。

在這塊木板上又跑又跳又躺的就是身為小孩的你。

只要你覺得在這裡無論做什麼都會被愛、被療癒，一切都很安全，那你就會放心地離開家庭這個基地到外面去探索世界

你會在外面的世界交到朋友。

譬如你想玩扮家家酒，所以提議自己演媽媽，但是像胖虎妹妹那樣的女生有可能會否定你：「我來演媽媽，你演宅配送貨員。」

你覺得很受傷很難過，但是回到家的時候，媽媽會對你說「你一定很難過對不對」，然後用無條件的愛抱緊你。

而爸爸會告訴你：「胖虎妹妹一直這樣做的話，大家就會漸漸離開她，而且大家都不會快樂。試著鼓起勇氣告訴胖虎妹妹『輪流扮演媽媽吧』。」你會從爸爸身上獲得勇氣。

心靈的電池充飽電之後，又可以向外面的世界飛去。即使在外面的世界受傷，回到家仍然可以獲得愛，你會開始思考「自己到底想要做什麼」，然後順著這個想法活下去。

也就是說，你會把「自己」放在生存的中心。換言之，就是能夠以自己為主軸思考行動。

如果這樣的循環順利，人就能夠靠自我主軸自立生存，成為大人之後，即便父母離世，你也能夠站起來往自己的道路前進。

然而，如果碰到雙親情感不和睦、因為離婚或死別變成單親家庭，或者是雙親感情沒有不好，但是家裡有婆媳問題，人就會很難找到平衡。

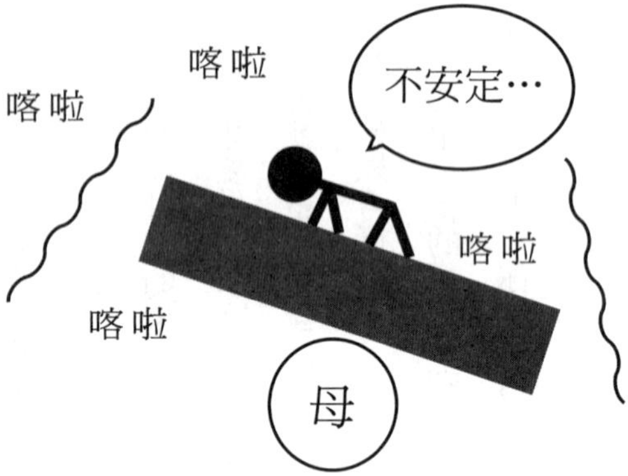

如此一來，孩子會沒有辦法在那塊大木板上又跑又跳，光是抓住木板就已經筋疲力盡。

如果自己沒有辦法配合母親的行動，家庭會整個翻覆崩壞，所以孩子會想辦法取得平衡，以免家庭瓦解。

當孩子發現這一點的時候，就會誤以為「所謂的生存，就是要看對方的臉色，配合對方的步調收拾當下的爛攤子」。

在這種狀態下「巧妙配合對方」＝「生存」，所以一個人獨處的時候，反而會不知道該怎麼活下去。

結果導致人為不安與孤獨所苦，不斷刻意「配合對方」。

然而，這是一個惡性循環。

如果現在身邊有伴侶，就會因為「必須配合對方」而覺得疲勞痛苦，但又害怕對方會提分手，所以自己主動離開。

這就是以他人為生存中心的人生。

無論是一個人還是和別人在一起都無法滿足，覺得沒有歸屬的你，就是這樣誕生的。

在這樣的不安之中，加上「自己沒有存在價值」這種念頭衍生的罪惡感，更容易產生憂鬱的情緒。

「都是我忍耐配合對方」的想法會產生憤怒的情緒。

這些不安、罪惡感、憂鬱、憤怒等負面情緒，就像滾落的雪球越滾越大，朝你襲來。

如果一直生活在這樣的狀態下，無論是誰都會想要從這種生存的痛苦中逃離，試圖讓自己變輕鬆。

因此，才會選擇死亡。

我想說的是，「死亡」不等於「重設」。

如果有冥界、能投胎轉世，那死亡就是一種重設的機制。

然而，要是這些預測落空，那「死亡」就只是單純的結束而已。

雖然負面感受和情緒都會消失，但是你再也無法感受到正面的感受和情緒了。

因此，首先你要在不死的前提下重設才行。

譬如說，不要一心覺得「必須聽從父母或丈夫的話」，先試著和父母分居。

妳或許會在分居之後，意外發現是自己一廂情願的體貼而導致疲勞，父母或丈夫並沒有想要妳做到這個程度。

只要和對方保持一段適當的距離，或許就能看清楚了。

或者是說，為了找回自己的主軸，開始找回以前想做但是放棄的事情。然後試著充分感受「開心」、「快樂」、「平靜」、「幸福」、「悠閒」等感覺或情緒。

你以前一直過著配合對方行動、消耗能量的人生。因此，沒有辦法為自己這棵樹的樹根提供水分，導致樹木枯朽。

然而，接下來請你幫自己這棵樹澆水吧。只要給予乾枯的樹根充足的水分，能量就會充滿樹幹和枝葉，你或許就會發現真正的自己了。

雖然因人而異，不過人在嬰兒時期一定會有的感受，在懂事之後反而被封印，你有時甚至會因為這些轉變而感覺到不對勁。

因為你現在已經「重生」，以自己為中心，過去對他人來說好使喚的你出現改變，或許會有朋友離你而去。

然而，如果你和過去沒有不同的話，重設也沒有意義。

恭喜你。這種不對勁的感覺就是你邁向新階段的證據。

今天就是你嶄新的生日，也是你剩下的人生中，最重要的第一天。以自我為主軸，好好享受一切吧。

想改變的時候，
就會出現很多不對勁的感覺。
不過，
這種不對勁的感覺就是你邁向新階段的證據。

對事物的看法

「消極」從另一個角度來看，就是謹慎

我們所處的多樣化社會，就像變形蟲一樣形態多變，而且逐漸擴張。大家主張的內容也都不一樣。即便是相同領域的專家，也有很多差異。

譬如說，有醫生預測最慘的情況是將有幾千萬人因為新冠肺炎死亡，但也有醫生主張「新冠肺炎只是感冒」。

媒體則是在認真呼籲民眾「感染有擴散的跡象，請避免非必要的外出」之後，歡樂地播出二十分鐘的特輯——「迪士尼樂園即將添置新的遊樂器材，有一組家庭為了這一天在迪士尼預定整週住宿，接下來由本台貼身採訪！」

這就是所謂的目瞪口呆。這種亂七八糟的程度，讓人彷彿置身平行世界。

另外，前一陣子因為高中生沉迷電玩的問題，美國精神科醫學會正式將之命名為「電玩成癮症」。有一位高中生因為一天連續玩十四個小時的遊戲就被診斷出這個病名。

看到實境節目播出某個國家為了治療這個疾病，把電玩從那名高中生身邊拿走，把人綁在床上任由他掙扎的樣子，我受到莫大衝擊。

一個星期之後。

新聞播出日本高中生在電子競技大賽上獲得優勝，獲得一億日圓獎金的特輯。

得獎的人就是當初被診斷出有病的高中生。訪談的時候，他很驕傲地說自己一天花十四個小時打電動！

過去的社會都以「佐藤」、「鈴木」等姓氏，或者「里民會」、「足立區」、「大田村」等市村鄉里，甚至「日本」、「美國」等國家單位經營。

因此，為了隸屬於某個「團體」，必須竭盡全力忍耐，努力讓大家知道自己符合團體成員的條件。

然而，現在這個時代已經無法再局限於理念或憲法等絕對的「正義」，逼迫所有人遵守相同規範了。

我認為今後將會迎來新時代，這個新時代會透過網路打造共享自己相信的正義、舒適感、相同想法的社群。

所謂的「社群」，就是擁有相同想法與志向的夥伴一起打造的共同體。在這裡擁有相同的價值觀，所以**「阿宅」這個詞彙就會變成「對某件事非常了解的大神」**，**「畏縮」就會變成「有深度」**。

也就是說，原本的缺點會變成優點，

人們將了解自己需要正反兩面，

即便沒有做什麼大事，存在本身也很ＯＫ。

我自己其實也有參加幾個線上沙龍，如果沒有這些夥伴的鼓勵和建議，這本書一定沒辦法出版。

這個世界沒有所謂的正確或不正確，而是「大家都正確」。

只要抱著這種想法，去做喜歡的事即可。

只要訂好不造成其他社群困擾的規則，就不再需要舉起正義的旗幟對戰，這個世界也會變得比較容易生存。

不需要努力讓周遭的人了解自己。

只要和能夠互相分享的同伴打造社群，開始這樣的生活就好。在這個社群之中，你會從不被理解的怪人，變成沒有人能模仿的、獨一無二的存在。這樣的時代已經開始了。

這個世界沒有所謂的正確或不正確，
而是「大家都正確」。
只要抱著這種想法，去做喜歡的事即可。

包容力——

印尼人對自己和他人製造的麻煩都很寬容

在長期受壓迫、感到痛苦的狀態下，就會出現「妄想」這種症狀，人會去相信「不可能的事」。

尤其憂鬱症常見的妄想有三大類型。

- **無論發生什麼都認為是自己的錯——「罪孽妄想」**
- **認為自己得了不治之症而感到絕望——「疑病妄想」**
- **因為覺得自己沒有錢而感到悲觀——「貧窮妄想」**

這三種類型並稱為「憂鬱症的三大妄想」。

其中，我們這些特別容易在意他人眼光的日本人最常見的就是「今天下雨導致活動中止，都是因為我這個雨男的關係。給大家添麻煩了，對不起」這種「罪孽妄想」。

各位是不是也有雖然不到妄想，但是莫名有罪惡感的時候呢？譬如說——

「我只要一出現，氣氛就會變得很尷尬，所以覺得很抱歉。」

「我只要去看比賽，支持的隊伍就會輸，所以我都不去看體育比賽。」

「不要造成別人的困擾」這樣的教誨以及重視這項教誨的文化，都是我們日本人應該引以為傲的部分。

但是，對很多人來說，這樣的文化反而成為阻礙，因為「怕造成別人困擾」而擅自限制自己，甚至無法擁有自己的人生。

而且，如果這種偏見很強烈，就會讓人覺得「我這種人在場只會造成別人的困擾」進而產生罪惡感，導致極力避免和他人相處，形成自閉的狀態。最後會有人心想「我這種人還是消失好了」，然後認真思考死亡這個選項，甚至真的執行。

但是，請等一下。

你真的有造成別人多大的困擾嗎？再者，造成別人的困擾，真的是什麼天大的錯誤嗎？

我的一位朋友，是個和印尼人結婚並生活在印尼的日本女性。這個朋友在印尼生活的時候，最受衝擊的事情就是印尼人對「困擾」的思考方式不同。

在日本，無論父母或校方都會告訴孩子「不要造成別人的困擾」。

然而，在印尼則是會教導孩子：「你平常也會造成別人困擾，所以別人造成你的困擾時要原諒他。」

仔細想想，世界上有多少人就會有多少不同的想法和意見。為某個人好的善意，有時候對別人來說就是個困擾。因此，嚴格來說，世界上根本不存在永遠不會造成別人困擾的人。

既然如此，爭辯什麼事會造成困擾或者什麼不會造成困擾，然後不斷增加規則，只會讓人變得喘不過氣，根本就沒什麼意義。

讓我們從更宏觀的視野來思考看看吧。

譬如說，對蔬菜而言，採收後被人類吃掉或許是一種困擾。

但是，人類吃掉蔬菜之後得以生存，排出的二氧化碳和糞便的養分與種籽，可以讓自己的子孫繼續成長。

這些蔬菜的子孫又被吃掉，在不斷互相依賴的狀態下，這個世界、這個地球才能維持循環。

「己所不欲」，勿施於人。

然而，不得不造成別人困擾的時候，也不要因為罪惡感否定或傷害自己，只要在以後有人造成你的困擾時，選擇原諒對方就好。

不要把「困擾」當成不愉快的連鎖效應，而是當成「互相體諒」、「感謝對方的諒解」這種感謝的連鎖效應，你所看到的世界將會出現一百八十度的轉變。

只要你能想起困擾＝感謝，那麼罪惡感這種情緒就會如煙霧般散去。

你不可能永遠不造成別人的困擾，
所以無論是自己還是別人造成的困擾，
都要選擇原諒。

到底哪一個重要？

人生的形狀就像「螺旋階梯」

有一位患者問我：「因為我覺得活著很痛苦，所以讀了很多書，但是我看到《請為自己而活》和《請為他人而活》這兩本完全相反的書。我覺得很疑惑。到底該怎麼做才好？」

的確，書店的同一個書架上會同時陳列以「不需要犧牲自己，請為自己而活」、「以我為人人的利他精神生活，才能開闢人生」為主題的書。

而且，兩本書都寫得頭頭是道，讓人覺得迷惘也是理所當然。

應該有些人是時而被否定「你都只想自己，太過自我中心了」，時而又被說「你太為別人著想了，請對自己好一點」，這種時候就會煩惱到底該怎麼辦才好。

恕我直言。這兩個選項的重點在於兩個都是對的。

譬如說，我們從某個高塔眺望景色。

高塔的南方是森林。

北方可以俯瞰市中心的高樓大廈。

白天南方的樹林染上秋天的顏色，擁有大自然的無敵美景。

然而，到了晚上，北方的高樓大廈夜景簡直價值百萬美金。

那裡集結了許多發明家、建築家、在施工現場揮灑汗水與理想的結晶，

只為了讓人們的生活能夠舒適一點。

這種時候比較哪一種景色更美，一點意義也沒有。

大自然和夜景都很美，兩者都是正確答案。

人生就像登上高塔的螺旋階梯。

為了別人粉身碎骨地工作導致筋疲力盡，最後決定活出自己的人生，最後為了看見截然不同的景色而攀爬漫長的螺旋梯也很好。

反之，因為太過我行我素而感到孤獨和空虛，所以來個一百八十度大轉變，在別人的笑容中感到滿足也很棒。

像這樣每次都看到不同景色並且不斷重複下去，就是所謂的人生。

對有些人來說，只是回到原本的景色之中，所以或許會很沮喪，覺得自己的努力毫無意義。

然而，這是一座螺旋階梯。看到原本的景色，就表示你已經往上爬了。你正在往上攀登。

也就是說，你透過經驗腳踏實地成長，能夠站在比之前更高的地方俯瞰整體。

重複俯瞰相同的景色，一點一滴成長，攀登人生這座高塔。

當你總算站在高塔頂端，能夠三百六十度環繞一圈的時候，哪一邊的景色比較好這種煩惱就會消失了吧。

屆時你發自內心的笑容，自然而然也能讓周圍的人一起笑出來。

沒錯，同時讓自己和他人都幸福，並非不可能的任務喔。

正面與反面、
都會與大自然，
反覆看到兩個極端的景色就是人生。

情緒會受姿勢和呼吸影響

我在二十歲重考那段時間持續做的其中一件事就是「肥田式強健術」。

這是肥田春充這位天才在二次世界大戰前首創，並且在日本引起風潮的呼吸體操法。一九〇二年的郡是製絲，也就是現在的郡是股份有限公司也把這套體操納入公司的體育項目。

肥田老師在著作當中提到：

「當你心中快要產生恐懼的時候，只要把橫膈膜往下壓，心臟就不會受到壓迫，恐懼的情緒也就不會產生。」

具體的做法就是讓上半身完全放鬆，下半身保持有力量。

這類似《鬼滅之刃》的主角・炭治郎所用的全集中呼吸法，只要應用這套呼吸法，就能讓心情冷靜下來，不安的情緒也會不可思議地消失。

關鍵在於透過姿勢和呼吸控制情緒。

各位是否曾經被情緒牽著鼻子走呢？

或許情緒化的日本人之中，有很多人認為情感本身就是從「自我」而來。

不過，如果透過改變姿勢和呼吸，就能壓下情緒，那這個情緒或許並非源自於你。

除此之外，運動員大多都很有自信，其實是因為他們知道可以控制自己的身體到某種程度。

你知道為什麼嗎？換句話說——

能控制身體＝自信

無法控制身體＝不安

也就是說，想要穩定情緒，只要先讓身體穩定即可。

如果因為不安而手足無措，當務之急就是要積極正面地看待事物。

然而，一直正面積極看待事物，還是有可能會遇到瓶頸。

即便如此也沒關係，這種時候請試著呼吸吧。

首先要做的是正念療法經常提到的呼吸法。

所謂的正念療法，是一種把心導向「當下」的方法，也是精神科的認知行為治療法之一，這裡以呼吸法為例。

吸氣四秒，止息四秒，吐氣八秒。

大概就好，在心裡默數秒數，一分鐘之內做四個回合這樣的呼吸。如此一來，原本因為興奮而緊張的交感神經會靜下來，放鬆之後副交感神經就會占優勢。

做兩分鐘呼吸法練習之後，身體就會變得輕鬆很多，心中的不安也會消失。

另一個方法是流傳於西藏的呼吸法。

首先吸氣四秒，吐氣四秒左右，但是吸氣的時候要在心中默念「身體」，吐氣的時候默念「放鬆」。

默念「放鬆」的時候要想像身體的力量完全釋放。

接著一樣吐氣約四秒，吸氣的時候在心中默念「我」，吐氣的時候默念「要微笑」。

默念「要微笑」的時候，請真的揚起嘴角微笑。

這個時候想想自己最喜歡的人、寵物、食物會非常有效果。

上述的呼吸法為一組，做完四個回合之後，呼吸和心中的雜念、各種紛擾都會靜下來。

試著去改變「呼吸」、「端正姿勢」等身體的狀態。

光是這樣就能讓心情變得很輕鬆。心情輕鬆，想法也會變得輕鬆，只要持續下去，你自己和整個世界都會改變。

你不需要改變想法，
只要改變身體，
心靈也會跟著改變。

培養自信的方法

即便是跨出一小步也能讓人有自信

長年從事這個工作，經常會有人問我：「我一直都很沒自信，該怎麼做才能培養自信呢？」

最近也經常被問到：「我罹患恐慌症已經五年了，到現在都很害怕，連搭電車的自信都沒有。在這樣的狀態下，如果父母過世，我覺得自己只能去死一死了。到底該怎麼樣才能培養自信呢？」

聽到這種問題的時候，我經常會用輔助輪來譬喻。

各位騎著三輪車的時候，看到騎腳踏車的大人，心裡有什麼想法呢？大家可能記不清楚了。

不過，當時應該會覺得：「為什麼只有兩個車輪，看起來很不穩定，還不會倒呢？」

即便如此，只要不斷練習，跌倒再站起來，找到感覺之後一百個人之中就有一百個人能學會騎腳踏車。

換句話說，並不是先有自信才能學會騎腳踏車，而是不斷練習，最後才學會騎。

也就是先行動，學會騎之後自信就跟著來。

有自信心之後想嘗試其他事情的人，就像已經能騎沒有輔助輪的腳踏車之後，才把輔助輪拿掉一樣。如果行動和自信的順序相反，不只學不會騎腳踏車，而是永遠都做不成任何事。

說到這裡，應該有很多人會沮喪地想：「所以錯在無法行動的我對吧。」

不過，這是無可奈何的事，絕對不是你的錯。

因為這是我們人類體內殘留的野性本能「生命保護機制」已經啟動的關係。

動物的世界是弱肉強食的世界。弱者如果逃跑失敗，就會被吃掉並因此送命。

所以動物的本能會讓人極度害怕失敗。

這並非疾病，而是非常正常而且重要的能力。不過，人類從原始時代開始克服的飢荒、地震、兩次世界大戰，現在失敗已經不等於死亡了。因此，不需要再被這種本能影響。

在現代，像美國前總統唐納・川普那樣，經歷兩次破產也能站上世界巔峰，成為美國總統，失敗已經不是什麼大問題了。

我從某個時間點開始，對「失敗」的看法變成——

「這並非失敗。只是讓我知道這樣做沒辦法成功而已」或者是「了解這個做法不適合我」。

從這個角度去想，失敗並非不愉快的過去，而是寶貴的經驗。

失敗也會成為人生的指針，讓自己確認今後的道路是否正確。

醫師有兩種，一種是受醫院雇用的「在職醫師」，另一種是自己經營醫院或診所的「開業醫」。我最後上班的醫院是一間很受歡迎的醫院，每天大概都有一百名患者。有這麼多患者，我能花在每個人身上的時間當然就會有所限制。在這樣的狀況下，不顧患者想傾訴的心情看診，讓我心裡覺得很痛苦。

儘管如此，我也不能不幫上門的患者看診，當我回過神來，一轉眼就已經過了十三年……

我花了十三年的時間，徹徹底底地體驗了「我其實不適合當在職醫生」

這個失敗經驗。

話雖如此，我也是因為這樣才會不管有沒有自信經營好診所，就每個月付錢給稅務會計師和社會保險管理師，抬頭挺胸去做「適合自己的工作」，從事必須完全承擔患者生命的開業醫。

即便有恐慌症，害怕搭電車，也要先試著去車站。

如果沒問題，下一步就可以買月台票試著走去月台再回家。

要是可以走到月台了，再趁十一點左右這種比較空曠的時間搭乘一站。

像這樣按部就班地，慢慢搭到目的地。

就像用細小的枝葉點燃柴火，自信之火就會漸漸壯大。

因為害怕失敗而不行動的話就太可惜了。

即便是愚蠢的一小步也可以，請試著在養成自信之前行動吧。

「先試著行動」是培養自信最扎實的方法。

失敗並不存在。
你只是發現不適合的方法而已。
請抱著這樣的想法，
先嘗試行動吧。

不要去細數失去的東西，只要珍惜現在擁有的就好

因為新冠肺炎感染擴散，可能有很多人會因為無法預測未來感到不安或者害怕自己會丟了飯碗。

甚至已經有人實際上已經被解雇、被迫必須結束經營自己的店，就連每天的生活都很辛苦，正處於痛苦絕望之中。

其實我也是其中一員。

距離診所四百公尺的托兒所出現群聚感染的時候，來看診的患者頓時驟減。

而且診所內要達到防疫的標準非常困難。

疫情初期，連口罩都買不到，所以嘗試了很多種方法。

我曾拜託朋友從進口口罩的公司，以每片一百二十日圓的價格一次購買四千片，在網路上採購透明的隔板，為了購買診所內消毒用的酒精凝膠而到處奔走，每天都很忙碌。

剛開始看診的時候，必須戴著口罩、中間要有隔板，讓我覺得很不習慣。

在這種狀態下，一直以來理所當然能做到的事情出現諸多限制，讓人覺得現在很不順利時，就會對未來感到不安。

因為是以現在不順遂的狀況為前提思考未來，所以不安的感受會更強烈，然後漸漸陷入絕望。

最後甚至覺得「如果這種痛苦的狀態會一直持續下去，那活著也只是更痛苦，不如去死一死」，並因此選擇死亡。

然而，關鍵在於了解「現在的痛苦將永久持續下去」只是錯覺。

譬如說，醫師和患者都要戴著口罩並且隔著壓克力板諮商，這種情況在一年前是不可能的事情。

現在卻成了大家都習慣的正常光景。

在企業的努力下，充足的口罩在市場上流通，價格也回歸正常。

就像西班牙流感一樣，這種狀況不會持續一輩子。

人類最後會獲得免疫，疫苗也會開發出來，一定能克服這個病毒。

你之所以覺得痛苦，是因為你認為現在的痛苦會一直持續到未來。

如同我剛才所說，這都是錯覺。

為了擺脫錯覺，第一步就是不要用否定的態度，而是用肯定的態度看待現在。

譬如約莫一百八十年前，日本當時正逢天保大飢荒（一八三三～一八三六）。

秋田藩已經沒有糧食，越來越多人連家裡的土牆都吃。

人口也從四十萬人減少到三十萬人。

相比當時的慘況，現代大多數的人都不愁沒東西可以吃。

而且，以前僅限有特定關係的人才能獲得資訊，現在只要透過眼前的手機就能瞬間獲得資訊。

以前要花交通費到圖書館，在書架上找到需要的書，而且從幾百頁裡面找到需要的資訊，現在用 Google 這種搜尋引擎，只要兩秒就能查到。

你有錢能買下這本書，而且也有能力閱讀。

雖然不是新衣，但是有衣服可以穿。

請試著把眼光放在「擁有的東西」而非「沒有東西」，然後表達感謝吧。

人終有一死，死的時候地位、名聲、金錢都帶不走。

你能帶走的，只有和真正重要的人之間的回憶。

極端地說，人生走到最後，一切都會被強制剝奪，所以沒有成果也無所謂。

只要你發現自己身邊已經擁有很多，就會肯定現在的自己「在疫情之中，還是很堅強」、「雖然店已經沒了，但是家人都很健康」，不安和恐懼等負面情感就會消散，正面的情緒一定會再度出現。

這種情緒一定會連接到積極正面的未來。

「不要細數已經失去的，感謝現在擁有的，抱著愉快的心情生活。」

請先以這一點為重，試著生活看看吧。

不要去細數「自己沒有的」，
而是珍惜「現在擁有的」。
你其實已經豐盈富足。

不要停在原地

罪惡感是讓自己和周遭的人都不幸的惡魔情緒

有一位非常令人尊敬的精神科醫師，他就像父兄一樣讓我景仰。我以前曾經和這位恩師一起工作，他從頭教導我該如何以精神科醫師的身分為患者看診。

他非常喜歡看到別人開心的樣子，不只踏實地從事醫療工作，讓患者綻放笑容，還經常請後生晚輩吃壽司或牛排，總是笑著看我們開心吃吃喝喝的樣子。

不僅如此，他也把我當成自己的孩子一樣疼愛，我父親住院的時候還特地來探望。

這樣的醫生，竟然自殺了。

不知道是因為家人生病還是因為工作而苦惱，至今仍原因不明。

我內心因為失落感而破了一個大洞，這個洞裡充滿「自己沒能幫他」這個罪惡感。

這樣的罪惡感成為負能量來源，我開始出現「當初要是一起喝一杯就好了」的後悔以及「為什麼不來找我商量」這種類似憤怒的情緒，心頭也略過「從今往後不知道還能依靠誰」的不安，最後連我自己都呈現憂鬱狀態。

罪惡感。我自己也曾經充分體會過，再也沒有別的情緒能比罪惡感更讓人痛苦了。

尤其是經歷父母或小孩以自殺的方式離開人世的人，心中一定會產生這種情緒，有很多人即便是經過數年或數十年都沉浸在罪惡感之中生活。

我非常了解被這種情緒淹沒的心情。

如果有精神狀況一直無法改善的患者問我：「為什麼我的病情一直沒有起色？」我一定會馬上回答：「問題出在罪惡感。」

然後接著說——

最好放下你的罪惡感。

因為這份罪惡感，會讓自己還有除了自己以外的重要的人，陷入超乎想像的不幸。

請試著想像。

妳是一對雙胞胎兄弟的母親，獨自扶養孩子們長大。

某天，兩個孩子吵著要在三歲生日的時候去野餐。

妳早上四點就起床，做了三明治和炸雞，帶著孩子們出門野餐。

孩子對便當讚不絕口，天氣很好，蟲鳴鳥叫，這天非常幸福。

在溫暖的陽光下，妳開始打起盹。

等妳回過神來，發現野餐墊前方五十公尺就是懸崖，兩個孩子就快要掉下去了。

妳急忙趕過去要救他們，但是發現用雙手拉住兩個孩子會導致三個人都滾落懸崖。

妳好不容易伸出一隻手救回弟弟，但哥哥就在妳眼前墜崖，永遠都回不來了。

「要是當初堅持不要去野餐就好了」、「要是我沒打盹就好了」心中充滿罪惡感的妳，完全睡不著也食不下嚥，只是每天一直哭。

無論誰來，妳都拉緊窗簾完全不回應。

這樣的日子不知道持續了幾天。

一回神已經是第七天的早上。突然一轉身，發現弟弟因為沒水沒食物，已經衰弱地倒在地上死了。

讓自己和周遭的人都陷入不幸，這就是罪惡感的真面目。
罪惡感和反省心類似，能輕易入侵自己的內心。
而且會持續侵蝕很多人的心。

人類終有一死。
或許正是因為生命既夢幻又脆弱，所以才很寶貴。

如果可以，我希望恩師還活著。
無論有什麼煩惱、過得多麼悲慘，我都希望他能不擇手段地活下去。
然而，留在人世的我們，總不能一直被「死亡」絆住，甚至因此無法度過自己的人生，讓家人處處顧慮我們，就這樣敷衍生命。

已經離世的重要的人，會希望你因為罪惡感而終日哭泣嗎？

我因為工作的關係，經常為憂鬱症和躁鬱症患者看診，無論再怎麼小心，有時負責的患者還是會自殺。

每次遇到這種情況我也會被罪惡感吞噬，感覺很挫折，但要是我在這裡停下腳步，其他患者的治療就會中斷。

所以我會往前看，帶著笑容調適自己的身心，為現在還活著的患者謀幸福，實現自己的使命。

你一定也可以。

請站起來，讓我們一起開始邁出第一步吧。

請拋下罪惡感。

因為罪惡感是一種會讓所有人不幸的強烈情感。

珍貴的寶物——

所謂的生命，就是上天給予的有期限的時間

東日本大地震已經過去十年。

當時我在東北沿海的醫院工作，所以有過各種體驗。很多遺體被運到附近的體育館。我因為汽車沒油，導致在醫院看診的時候和大家擠在地上睡了好幾晚。所有物資都集中在急救醫院，分發物資做得不完善，至今我仍記得白飯配柴魚粉和美乃滋的味道。

在看診期間，有多名我負責的患者死亡，也有很多患者的家屬過世。我了解到失去重要的人是怎麼一回事。

我們只要失去重要的人，就一定會出現各種念頭。
原本有的東西突然消失，內心就像破了一個大洞一樣的「失落感」。
要是自己能夠做得更好，重要的人或許就不會死的「罪惡感」。
質疑重要的人為什麼要留下自己去另一個世界的「憤怒感」。
今後沒有重要的人支持，不知道自己要怎麼活下去的「不安感」。
覺得一切都結束的「絕望感」。

在各種情感襲來的時候，人會想要有責怪的對象，甚至責怪自己，腦中一片混亂，不知道接下來該怎麼活下去。
呈現這種狀態很正常，所以我並沒有要責備的意思。
不過，如果有人正在煩惱，不知道該以什麼為目標活下去的話，請聽我一言。

東日本大地震的時候，我太太的朋友A開車載著祖父母去避難所。然而，中途遇到海嘯，汽車被水沖走了。

水漸漸淹入車內，A試圖打破車窗逃離，祖母推開A的手說：「只有你活下去也好，快逃吧！」接著就被海嘯吞沒了。

後來，A雖然被混在海嘯中的樹木擊中而骨折，但是順利抓住漂流的木頭活了下來。

海嘯退去後，在汽車後座找到他的祖父母，兩人雙雙身亡。

看到這一幕的A，沉浸在沒能救出祖父母的後悔以及只有自己活下來的罪惡感中，痛苦到只想求死。

在這樣的狀況下，A心生後悔和罪惡感，甚至出現「想死」的念頭也是沒辦法的事。

震災後的門診中，有患者每次來都流淚訴說「想要去兩個過世的兒子身邊」，也有患者在愛妻過世後過得像行屍走肉，我遇到很多有相同想法的患者。

但是，去世的人看到這種情況真的會開心嗎？

我認為，活下來的人最應該做的事情，就是去做往生者想要我們做的事，然後避免往生者不想要我們做的事。

祖母一定希望A連同自己的份，幸福地活下去，所以才會刻意放手。

既然如此，活下來的人就不應該因為被罪惡感壓垮而一心求死，反而是以重要的人留下的愛、透過經驗了解的智慧為糧食，竭盡全力活在當下。

如果提不起勁做任何事，只要活著也就足夠了。

對於違反自我意志、在壽終正寢前就死去的人來說，最不想看到的就是自殺。

而他們心中最想做的事情，一定就是在自己的壽命範圍內活下去。沒錯。就是活著而已。

所謂的生命，就是上天給予的有限的時間。

這段時間一定會結束。

既然是上天給予的禮物，那就收下吧。

這是對無法收下禮物的亡者唯一的供養。

不要被後悔和罪惡感牽著鼻子走，請試著單純地活下去吧。

活著的人能做的事情就是活下去。
徹底地活下去。

結語

我在二〇二一年二月十四日寫下這篇文章。

前幾天出現震度六級的地震，讓我想起東日本大地震已經過去十年了。在新冠肺炎的疫情未能獲得控制的狀況下，NHK開始播出澀澤榮一的歷史劇。我看著歷史劇，想到接下來將會開始一個新的時代。

澀澤榮一是活躍於明治、大正時期的實業家，他曾參與創辦現在的瑞穗銀行、JR、帝國飯店、王子製紙等五百間公司。

他也被譽為日本的資本主義之父。

澀澤榮一大顯身手的那個時代，社會階層分為士農工商，武士地位高，從事金錢交易的商人身分地位低微。

然而，因為資本主義社會的關係，從武家和貴族等擁有武力或者良好家世的人最有權力的時代，轉變成即使是平民，只要擁有大量金錢或能賺錢的公司也能擁有權力。

就像翻轉沙漏一樣。

最上面的沙，反而被壓在最底下，跌落地獄的深淵。

原本被壓在最下層的沙，只要靠努力就能爬上來。

二〇二〇年。新冠肺炎帶來全球性的結構變化，這次變化不輸明治維新，沙漏再度翻轉重置。

譬如以前成為一間公司的老闆，就是「出人頭地」這個人生遊戲的目標。

然而，在疫情之下，無法預估銷售額，成為老闆要承擔很多辛苦與責任，所以大家都敬而遠之。

因此，今後的時代，應該會有越來越多人認為比起勉強工作弄壞身體只為往上爬，不如工作到一定程度，在收入範圍內享受自己的時間。

以前，選用精品皮包身穿時尚華服、拚命化妝，別人就會稱讚「你好美」、「看起來好棒」。

現在大家都戴著口罩、用酒精消毒，用盡全力避免感染新冠肺炎。根本沒有餘裕注意自己和他人時不時尚。

今後，化妝這種競爭外表美感的時代將會結束，大家一定會開始閱讀對心靈有幫助的書，吃對身體好的食材，讓每個細胞都變美麗，把注意力放在內在美上。

而且，過去日本社會都是靠學校班級和鎮民會、公司等集團一起做事。在這種架構下，最注重忍耐力和協調性，格格不入的人即便有優秀的才能也無法發揮，就此被埋沒。

另一方面，現在是個非必要就禁止集會的時代。

只需要和少數擁有共同想法的重要人物見面，透過網路抒發自己的想法，有同感的人就會自然而然聚集，這個世界將變成以才能、溝通能力、共鳴為中心。

假設精神科門診一天有五十名患者，大概每天就會有兩個人說「想死」。換句話說，每年約有五百人，二十年就約有一萬人說「想死」。

但是，其中有百分之九十九的人並非真的想死。

他們只是誤以為想逃離現在痛苦的狀況、重設自己的人生，就等於「想死」。

當我以醫師的身分，思考該如何讓患者明白這是誤解時，政府就發布新冠肺炎的緊急事態宣言。

新冠肺炎導致世界大亂，沒有人知道現在該怎麼做、這樣對不對，過去累積的常識都不再管用。

各位或許也不知道該以什麼為基準活下去，並因此感到不安。

然而，反過來說，這是我們擺脫「這樣才正確」、「必須好好生活」等限制重新生活的大好機會。

因為，我們不用死，時代就擅自重設了我們的生存方式。

既然如此，你要不要試著重新活一次呢？

要不要試著放掉過去，隨著這波潮流，活出自己的人生呢？

如果有風吹來，就當作是風推了你一把，抱著感謝的心抓住機會吧！

你還能再往前走更遠喔。

如果吹來逆風，就當作是讓自己成長的機會，抱著期待的心情挑戰吧！

你一定會飛得更高。

無論是哪一種風，都可以盡情享受。

活著其實不難。

你只要做你自己即可。

只要活著就已經很棒了。

請珍惜重要的人和自己的時間。

不要被他人左右，在新時代活出真正的自我人生吧。

畢竟無可取代的人生無法重來。

接下來，我要感謝製作這本書的時候，不斷鼓勵我「這個世界需要這本書」的齋東亮完先生；從企劃階段就開始幫助我，讓這本書充滿靈魂的山本時嗣先生；仔細整理散亂原稿的 Sunmark 出版的岸田健兒先生。

除此之外，還要感謝很多幫助完成這本書的人。

重複閱讀十幾次原稿，一一思考表達方式和單字的妻子凜，真的很謝謝妳。

最後，比起任何事、任何人，我都更想感謝讀到這裡的你。

謝謝你拿起這本書。

這本書還來得及出現在你的生命裡，真是太好了。

謝謝你還活著。

平光源

國家圖書館出版品預行編目資料

醫生說我可以去死沒關係：日本王牌精神科醫師終極療癒秘訣，治好1000顆破碎的心！／平光源著；涂紋凰譯--初版.--臺北市：平安文化, 2022.6　面；公分. --（平安叢書；第720種）（UPWARD；131）
譯自：あなたが死にたいのは、死ぬほど頑張って生きているから
ISBN 978-986-5596-88-0(平裝)

1.CST: 心理衛生 2.CST: 生活指導

172.9　　111007545

平安叢書第0720種
UPWARD 131

醫生說我可以去死沒關係

日本王牌精神科醫師終極療癒秘訣，治好1000顆破碎的心！

あなたが死にたいのは、死ぬほど頑張って生きているから

作　　者—平光源
譯　　者—涂紋凰
發 行 人—平　雲
出版發行—平安文化有限公司
台北市敦化北路 120 巷 50 號
電話◎ 02-27168888
郵撥帳號◎ 18420815 號
皇冠出版社（香港）有限公司
香港銅鑼灣道 180 號百樂商業中心
19 字樓 1903 室
電話◎ 2529-1778　傳真◎ 2527-0904
總 編 輯—許婷婷
執行主編—平　靜
美術設計—Bianco、李偉涵
著作完成日期— 2021 年
初版一刷日期— 2022 年 6 月
初版五刷日期— 2023 年 11 月
法律顧問—王惠光律師

讀者服務傳真專線◎ 02-27150507
電腦編號◎ 425131
ISBN ◎ 978-986-5596-88-0
Printed in Taiwan
本書定價◎新台幣 340 元 / 港幣 113 元